習慣が10割

仕事、お金、人間関係――
人生がうまくいく
最も強力でシンプルな方法

吉井雅之

JN232028

すばる舎

はじめに

あなたは今、こんなことで悩んでいないでしょうか。

「**早起き**が続かない」

「**英語の勉強**を始めたのに、途中で挫折してしまった」

「**ダイエット**したいのに、つい食べ過ぎてしまう」

「**タバコ**をやめたいのに、やめられない」

どれもよくあるお悩みだと思います。

その原因はあなたの**意志が弱いからでも、やる気がないからでもありません。**

ましてや、生まれ持った能力や性格のせいでもありません。

では、なぜ思い通りにいかないのか。

それは、「習慣の作り方を知らないから」です。

「習慣」とは、自分でこれをやると決めたことを、コツコツと続けることです。

そして、どんな習慣を身につけるかで、あなたの人生が決まります。

習慣がすべてを決めている。

つまり、「習慣が10割」である。

それが、この本で私がお伝えしたいことです。

私は習慣形成コンサルタントとして、これまで企業経営者から一般の会社員、学生や子どもたちまで、のべ5万人の人たちに習慣の作り方を教えてきました。

その中で、**習慣によって人生が大きく変わった人たちを数え切れないほど見てきました。**

まったく受注が取れなかった営業マンがトップセールスに生まれ変わったり、自分に自信が持てなかった女性がダイエットに成功してイキイキと輝き始めたり、ぎくしゃくしていた夫婦関係が円満になったりと、習慣を身につけたことで自分らしい人生を歩み始めた人たちがたくさんいます。

だから私は断言できます。

「習慣には、とてつもない力がある」と。

仕事や勉強、家庭や人間関係まで、あらゆる場面で、習慣はあなたの強い味方になってくれます。

習慣は、人生を通して役立つ最強のスキルなのです。

習慣を作るのに、能力や資質は関係ありません。

時代遅れの根性論も不要です。

私が習慣形成のプロフェッショナルとして伝えてきたのは、誰にでも実践できる再現性の高いメソッドです。

さらに、脳科学を取り入れることで、人間誰もが平等に持っている脳の機能を最大限に生かしたノウハウを確立しました。

私がご紹介する習慣形成メソッドは、**年齢や職業、学歴などは一切関係ありません。老若男女どんな人でも役立ちます。**

もちろん、あなたにもです。

本書を読んで、習慣を作り出すスキルさえ身につければ、思い描いた通りの人生を送ることができるとお約束しましょう。

この本では、次の内容をお伝えします。

第1章では、**習慣が人生のすべてを決めている**ことを解説します。これを読めば、習慣がなぜ人生を左右するほどの力を持つのかがわかります。

第2章では、**習慣の正体**を解き明かします。なぜあなたがこれまで習慣が続かなかったのかを理解できるでしょう。

第3章では、**習慣化のポイント**を紹介します。具体的な習慣の始め方や挫折しないためのコツなど、習慣形成のための実践的なノウハウをお伝えします。

第4章では、**脳にアプローチして強力な習慣を作る方法**を説明します。脳と習慣には極めて強い結びつきがあるので、脳の特性を知れば確実に習慣形成できます。

第5章では、**テーマごとに習慣の作り方**を紹介します。早起きや読書、ダイエットや貯金など、多くの人が続けたいと思っている習慣を身につける方法を解説します。

ではさっそく、次の章から本題に入りましょう。

この本があなたの習慣を変え、理想の自分になるためのお手伝いができれば、こんなに嬉しいことはありません。

吉井 雅之

第2章 なぜ、あなたは続けられないのか?

第3章 意志が弱い人でも続く！「最強の習慣化」スキル

第4章 「脳の力」で、習慣を超強力にする

第5章 習慣の力で、「あなたの人生」が動き出す

3

第1章

人生は「習慣が10割」

001

習慣がすべてを決めていた！

今の自分は「過去の習慣」でできている

仕事や人間関係で壁にぶつかったり、勉強やダイエットが続かず挫折してしまったりと、**人間が生きていれば思い通りにいかないことは多々あります。**そんな時、こう考える人は多いのではないでしょうか。

「自分の人生はこんなはずじゃなかった」

そう思って後悔したり、落ち込んだりしているのではありませんか？

「上司とそりが合わないのは相手が悪いからだ」

「営業成績が上がらないのは世の中が不景気だからだ」

こんなふうに、うまくいかない原因をつい他人や社会のせいにしたくなることもあるかもしれません。

物事がうまくいかない時、人間なら後ろ向きの感情が湧いてくるのは仕方のないことです。「自分のせいではない」と思いたい気持ちもよくわかります。

だからこそ、一つだけ揺るぎない事実をお伝えしましょう。

それは、「今の自分を作り上げたのは、自分自身である」ということです。

もっと正確に言えば、**過去の言葉や行動、思考など、1つ1つの積み重ねが今の自分を作り上げてきた**のです。

つまり、「習慣」が人生のすべてを決めているということ。

これはまぎれもない事実です。

「そんなことはない。生まれ持った能力や性格が、人生を大きく左右するはずだ」

そう思うかもしれません。

でも、考えてみてください。

産まれたばかりの赤ちゃんに、「勉強ができる赤ちゃん」と「勉強ができない赤ちゃん」がいますか？　「性格の良い赤ちゃん」と「性格の悪い赤ちゃん」がいるでしょうか。

この世に産まれたばかりの私たちは、誰もが等しく純粋無垢な存在です。

そこに才能や性格の優劣はありません。

たしかに、年齢を重ねて学校へ上がると、クラスには「成績の良い子」と「成績の悪い子」が存在するようになります。

でもそれは、生まれ持った才能の差ではありません。

単に**「コツコツ勉強する習慣がある子」**と**「コツコツ勉強する習慣がない子」**がいるだけです。

大人になって社会人になると、同じ会社の中に「売れる営業マン」と「売れない営業マン」が存在するようになります。

同じ商品を扱い、同じ研修を受け、同じ名刺とパンフレットを持っているのに、人によって売れ行きに大きな差が出る。こんなことは、どの会社でもよくあります。

しかしこれも、営業センスや性格の差ではありません。

売れる営業マンは、セールストークの間もお客様に満面の笑顔を見せます。

「この商品を買っていただき、使っていただくことが、お客様のためになる」と本気で信じているので、お客様に商品を紹介できるのが嬉しくて仕方ないからです。

たとえ断られても、「こんなに素晴らしい商品を買うチャンスを逃すなんて、もったいないなあ」と素直に思えるので、「お気持ちが変わったら、ぜひ私にご連絡くださ い!」と、これまた笑顔全開で言うことができます。

一方、**売れない営業マン**は、たとえ笑顔を作ったとしても、どこかぎこちないままです。

「どうせ営業なんかしても、断られるだけだ」と思っているので、お客様と話す時もどこか投げやりだったり、自信なさげになりがちです。

そして実際に一度でも断られると、次の営業先へ行くのがますます嫌になり、表情はどんどん暗くなっていきます。

もしあなたがお客様の立場だったら、どちらの営業マンから買いたいでしょうか。

答えは明らかでしょう。

この二人の差はただ1つ、心からの笑顔だけです。

たとえ**売れても売れなくても、毎日笑顔で営業する習慣があったか**どうか。
その差が現れただけであり、決して才能の違いではありません。

このように、**今の自分を作っているのは、過去の習慣の積み重ね**に他なりません。

「人に能力の差はなし。
あるのは、習慣の差」だけである。

まずはその事実をしっかりと受け止めることから始めてみませんか。

習慣ポイント
DAY 001

できる・できないは能力の問題ではない。習慣の積み重ねによって差が生まれる

002

あなたは習慣に操られている

脳への刷り込みが無意識の行動に現れる

私たちが生まれた時は、誰もが平等でまっさらな状態でした。

なのに、どうして年齢を重ねると、「習慣」という違いが生まれるのでしょうか。

その理由は、**「刷り込み」**にあります。

物心ついた時から、周囲に「あなたはダメな子ね」「あなたには無理よ」と言われ続けた子は、本人も「自分はダメな子」「自分には無理」と思うようになります。

何度も反復して耳から入ってきた言葉が、脳に刷り込まれるからです。

そして、勉強やスポーツでもすぐに諦めてしまったり、宿題や練習を後回しにする習慣がつきます。その積み重ねによって、本当に自分を「勉強ができない子」や「運動ができない子」に作り上げていくのです。

反対に、小さい頃から「あなたは良い子ね」「あなたならできるよ」と言われ続けた子は、本人も「自分は良い子」「自分ならできる」と思うようになります。

だから、勉強やスポーツでも一度や二度の失敗では諦めずに挑戦し続けるし、宿題や練習も自分から進んでやる習慣がつきます。その積み重ねで、自分を「勉強ができる子」や「運動ができる子」に作り上げていくのです。

刷り込まれるのは、他人の言葉だけではありません。

「自分には無理だ」「どうせうまくいくはずがない」

そんな言葉が口グセになっている人はいませんか？

自分が発した言葉も、耳から情報として取り込まれ、脳にしっかり刷り込まれます。

刷り込みが習慣を作り、習慣があなたという人間を作り上げていく。

つまりあなたは、知らないうちに習慣に操られているのです。

「耳から入ってくる言葉くらいで、思考や行動がそれほど影響されるものか？」

そう疑問に思うかもしれません。

ところがやっかいなことに、**人間の脳は耳から入ってくる情報をすべて本当のことだと思い込む性質があります。**

私たちの脳は、真実と嘘や冗談の区別がつかないのです。

「自分はダメな人間だ」と言われると、脳は素直にそれを信じます。そして、ダメになるように行動します。

あなたが本当にダメな人間だという根拠など何一つなかったとしても、脳には関係ありません。言われたことを真実として受け止めるだけです。

しかも、**一定期間に渡って五感から繰り返し取り入れた情報は、やがて人間の潜在意識に到達して、脳の奥深くにどっかりと根を下ろします。**

そして私たちは、潜在意識に入ってきた情報をもとに、無意識のうちに反応します。

あなたも小学生の頃、**算数の九九**を口に出して何度も反復した経験があるでしょう。

そのうち、何も考えなくても「ににんがし」「ろくごさんじゅう」という言葉が頭に浮かんだり、口から出たりするようになったはずです。

これは、自分の耳から繰り返し入ってきた情報が潜在意識にまで根づいて、無意識に反応できるようになったためです。

あるいは、テレビから繰り返し流れてくるCMのフレーズを気づかないうちに覚えてしまい、ふとした瞬間に「タンスにゴン♪」などとつぶやいてしまったことはないでしょうか。

これも「無意識の反応」です。

このように、**潜在意識に刷り込まれた情報は、行動・言葉・表情などの反応となって顕在化します。**

「今日は歯を磨かなくては」と、いちいち意識する大人はいません。何も考えなくても、毎日気づいたら歯磨きをしているはずです。

それは子どもの頃から「食べたら歯を磨きなさい」と潜在意識に刷り込まれてきた情報が、無意識の行動になって現れるからです。

自分では意識しなくても、ついやってしまうことや自然とそうしてしまうこと。

これがすなわち「習慣」です。

心からの笑顔ができる営業マンは、意識して笑顔

習慣ポイント

DAY 002

何度も耳に入ってきた言葉が潜在意識に刷り込まれ、習慣を形成していく

を作っているのではありません。

「この商品を買っていただき、使っていただければ、お客様のためになるから嬉しい」という刷り込みを自分自身にしているので、無意識のうちに笑顔になる習慣が身についているのです。

それをお客様が見ると、「この人は感じがいいな」「話していて気持ちのいい人だな」と感じるわけです。

つまり、生まれ持った資質や性格だと思われていることも、すべては**脳への刷り込みの結果であり、潜在意識によって生み出された習慣**だということ。

習慣とは単なる動作や振る舞いではなく、あなたという人間のあり方そのものなのです。

003

習慣を変えれば、人生が変わる！

落ちこぼれセールスマンも「習慣1つ」でトップセールスに

刷り込みによる習慣が、今の自分を作り上げている。

そう聞いて、もしかしたらこう思った人がいるかもしれません。

「今の自分がダメなのは、親の育て方が悪かったからだ」

「上司が自分を否定ばかりするから、仕事がうまくいかないのだ」

でも、ちょっと待ってください。

あなたは大事なことを忘れています。

それは**「刷り込みは自分自身でもできる」**ということです。

もし自分を変えたいと思っているなら、今この瞬間から新たな刷り込みを始めることができます。何歳であろうと、どんな環境にいようと、自分がやろうと思えばすぐにでも始めることが可能です。

どんな小さなことでも構いません。まずは何か1つのことをやると決めて、それを常に意識して「繰り返し反復」し、自分に刷り込ませてください。

そうすれば、今までとは違う習慣が身につきます。

過去の習慣の積み重ねが、今の自分を作り上げている。

たしかにそれは事実です。

だったら、**今から始める習慣の積み重ねで、未来の自分を作り上げればいい。**

習慣を変えれば、人生を変えることができるのです。

私のセミナーに参加した受講生の中には、習慣を身につけることで、人生を大きく変えた人がたくさんいます。

ある営業職の男性は、まったく売り上げが伸びず苦しんでいました。

フルコミッション制の会社だったため、収入もほとんどゼロという状況が続き、とうとう「このままでは家族が生活できなくなる」というところまで追い込まれました。

そこで彼は、何とかこの状況を打開したいと思い、「毎日アポ取りの電話を10本かけることを習慣にする」と決めました。

そして決めた通りに電話をかけ続けた結果、なんと1年後には**営業所でトップの売り上げを達成した**のです。

また別の営業マンは、「出会った人に心を込めてメールを書く」と決めました。そして決めた通りにメールを書き続けた結果、その会社でお客様の**リピート率・紹介率ともにナンバー1**になりました。

自他ともに認める「落ちこぼれ」だった営業マンたちが、小さな習慣をコツコツと続けたことで、トップセールスマンに生まれ変わった。

これが、習慣の持つ偉大な力です。

電話をかけるのも、メールを書くのも、ほんのささいなことです。

だから1日や2日続けたところで、目に見える結果は出ません。

それでも、1年、そしてまた1年とその習慣を続けていれば、「自分も何かを続けられた」という自信がつきます。そして「自分には無理」が口グセだった人も、「自分はできる！」と思えるようになります。

つまり、**何かを習慣化できたという実績が、あなた自身を変えてくれる**のです。

重要なのは、「何を続けるか」ではありません。

続けることそのものに、とてつもない価値があるのです。

私たちは**過去を変えることはできませんが、未来を作ることはできます。**

そして未来を作る手段が、「習慣を作ること」なのです。

どんなに小さなことでもいいから、何かを続けること。

それが人生を変える大きな第一歩になります。

習慣ポイント
DAY 003

小さなこと1つだけでも、やり続けることで未来は変わる

004

朗報！カンタンに「習慣化」できるシンプルな技術

このスキルが、あなたを一生支える財産になる

「何かを続ける」という習慣がいったん身につけば、それはあなたにとって大きな武器になります。

その「何か」が「仕事」になっても、「勉強」になっても、「ダイエット」になっても、**やることは同じ**だからです。

「目標を達成するために何をやるか」を自分で決めて、それをひたすらコツコツと続ける。

ただそれだけのことです。

習慣を作り上げる方法は、あなたが思っている以上にとてもシンプルなのです。

習慣とは、言い換えれば**「自分との約束を守ること」**です。

先ほどの営業マンなら、「毎日電話を10本かける」というのは、別に誰かと約束したわけではありません。

約束した相手は、自分自身です。

そして、彼はその約束を守りました。だから、人生が大きく変わったのです。

ここで重要なのは、約束の内容を**「自分で決める」**ということです。

意外に思うかもしれませんが、多くの人は物事を自分で決めていません。

頭では何となく「もっと頑張ろう」「もっと努力しなくては」と考えていても、「そのために何をするのか」は決めていないことがほとんどです。

だから結局、具体的な日々の行動は何も変わらず、習慣も身につきません。

ほとんどの人は、「習慣が続かない」と思っています。

でも、それは正しくありません。

「自分で決める」という大事なステップを飛ばしているから、「習慣が始まらない」だけです。

これは裏を返すと、自分で決めさえすれば、どんな習慣でも作り出せるということ。

今まで習慣が身につかず悩んでいる人にとって、これは朗報ではないでしょうか。

自分で決めるのですから、誰の指図も受けません。**自分の意志で「これをやる！」と決めて、自由に人生を作り上げていける**のです。

そう考えると、ちょっと楽しくなってきませんか？

習慣を作り出す方法を知っていれば、人生のどんな場面でも、そのスキルを応用できます。

習慣は、あなたを支える一生の財産になるのです。

習慣ポイント

DAY 004

習慣を作り出す方法を知っていれば、人生のどんな場面でも応用できる

005

習慣は、あなたの武器になる

ほんの少し変えるだけで、身の周りにチャンスがあふれ出す

ところがほとんどの人は、「習慣を身につけたくらいで、人生が変わるはずがない」と思っています。

それは、とても残念なことです。

習慣は、未来を作るための最高の手段です。

自分が思い描いた未来を手に入れる方法があるのに、それを実行せずに人生を過ごすとしたら、これほどもったいないことはありません。

「そうは言っても、習慣では変えられないこともあるじゃないか。仕事を頑張りたくても、世の中が不景気だったり、上司がそりの合わない人だったりしたら、自分では

どうしようもないだろう？」

そう反論したくなるかもしれません。

でも、それは本当でしょうか。

たしかに「不景気」という事実は存在するかもしれません。

ただし、それをどう捉えるかは人それぞれです。

ある人は、「不景気だから仕事がうまくいかない」と考えるかもしれません。

その一方で、「不景気だからチャンスだ」と考えて、新しい事業やサービスを生み出したり、新規の顧客を開拓する人もたくさんいます。

つまり「不景気だから仕事がうまくいかない」というのは、**自分がそう捉えている だけに過ぎない**ということです。

同様に、「嫌な上司」はこの世に存在しません。

存在するのは、「上司を嫌だと思っている自分」だけ。

要するに、すべては自分が決めていることなのです。

事実は1つだが、捉え方は100通りある。

これが真理です。

この**捉え方も、習慣の１つ**です。

「こんな時は、こう考える」という**思考習慣**が積み重なって、自分という人間を作り上げています。

だから習慣さえ変えれば、「不景気だからチャンスだ」と思える自分も、「あの上司にもいいところがある」と思える自分も、作ることができるということです。

習慣を味方につければ、他人や環境に左右されずに自分の人生を歩んでいくことができます。

習慣は、資格や教養をはるかに超える強力な武器になることを、ぜひ知ってもらいたいと思います。

習慣ポイント
DAY 005

習慣が変われば物の捉え方も変わる。捉え方が変われば人生も変わる

006

仕事、人間関係、お金、健康……「習慣の力」ですべてうまくいく

誰でもできる簡単なことを続けて、人生が変わる人続出!!

習慣を作り出すスキルは、人生のあらゆる場面で応用できる。

そう言われても、あなたはまだ半信半疑かもしれません。

でも私は、**習慣の力で自分の人生を大きく変えた人たちを数多く見てきました。**

私のセミナーには、仕事や人間関係、お金や健康など、さまざまな悩みや問題を抱えた人たちが「何とかして人生を変えたい」とわらにもすがる気持ちでやってきます。

また、スポーツや勉強に取り組む子どもたちや、一流を目指すアスリートにも指導をしてきました。

ただし、相手が誰であっても、私が伝えるのはただ1つ。

「習慣の作り方（習慣形成）」です。

私が習慣の持つ力を確信しているのは、年齢や職業にかかわらず、あらゆる人たちが習慣形成によって自分を変える様子を目の当たりにしてきたからです。

その事例をいくつかご紹介しましょう。

ケース1 「紙1枚」の習慣で、ただのサラリーマンからグローバル経営者に転身

Aさんは、ある企業で働くサラリーマンでした。

当時の彼は膨大な仕事に追われ心身ともにボロボロで、人生に夢も希望も持てない状況で私のもとへやって来ました。

Aさんは、**「どんなに小さなことでもいいから、何か1つ続けてみなさい」**という私の言葉を信じて、こう決めました。

「毎日やることを1枚の紙に書き出して、そのタスクが全部終わるまで寝ない」

そしてひたすら、この習慣をやり続けたのです。

それから10年後の今、彼はどうなったか。

なんと自分の会社を設立して経営者となり、みずから開発した事業を世界15カ国で展開する国際的なビジネスパーソンになりました。

Aさんがやったことは、ただ「紙に書く」という習慣だけです。

毎日やるべきことを書き出すうちに、彼の中で「自分が本当は何をやりたいのか」が明確になっていきました。そして、「そのために何をしたらいいか」というアイデアもどんどん湧いてくるようになりました。

それを毎日紙に書いて、その日のうちに必ずやるという習慣を10年間継続した結果、彼は「いつか海外で事業をしたい」という夢を実現したのです。

たった1枚の紙から始まった習慣が、一人の人生をこれほど大きく変えてしまう。

これがまさに習慣の威力です。

ケース2 言葉の習慣で10kg以上のダイエットに成功

女性のBさんは自分に自信が持てず、いつも暗い表情をしていました。

当時の彼女はぽっちゃり体型であることにコンプレックスを感じていて、それが劣等感につながっているようでした。

そんな彼女は、私のセミナーで脳への刷り込みの話を聞いて、こう決めました。

「食事をする時は、『これを食べるとスタイルが良くなる！』と言いながら食べる」

他人から見れば、バカバカしいと思うかもしれません。

しかしBさんは、「脳は耳から入ってくる情報を本当だと思い込む」という私の話を信じて、愚直なまでにその習慣を続けました。

その結果、彼女は10kg以上も体重を減らすことに成功したのです。

ダイエットの成功者が出場するビューティーコンテストにも出場し、すっかり自分に自信をつけました。

今では見違えるほど明るく前向きになり、自分がやりたい仕事を見つけて転職も果たし、毎日イキイキと働いています。

彼女がやったことと言えば、**食事のたびに自分が決めた言葉を発しただけ**です。つらい食事制限をしたわけでも、ハードな運動をしたわけでもありません。

どんなにささやかなことでも、続ければ思い描いた通りの自分になれる。

そのことを、彼女は見事に証明してくれました。

ケース3　朝の習慣で40歳にしてプロボクサーにカムバック

Cさんは、25歳までプロボクサーとして活躍していました。

いったんはボクサーを引退したものの、亡き父親と交わした「チャンピオンになる」という約束を果たせなかったことがどうしても心残りで、38歳の時に現役復帰する決意をしました。

しかし、いざトレーニングを開始すると、毎朝のロードワークがなかなか続きません。若い頃と違って疲労が溜まりやすくなっていたため、「今日はだるいからやめておこう」とついつい走るのをサボってしまうのです。

そこで彼は、「とにかく小さなことから続けよう」と考え、こう決めました。

「毎朝起きたら、トレーニングウェアを着て家の外へ出る」

「毎朝走る」ではなく、まずは表に出ることを習慣にしてみよう。

そう考えて、たとえまだ眠かったり、体に疲れを感じたりしても、目が覚めたらとにかく外にだけは出ると決めて、それを続けたのです。

一度外へ出てしまえば、「せっかくだから、少し走ってみるか」という気になるものです。気づくとCさんは、自然とロードワークが続くようになっていました。

そして40歳の時、シルバーフライ級のタイトルマッチでKO勝ちを遂げ、亡くなった父親との約束を見事に果たしたのです。

習慣は、年齢やブランクさえ覆す力を持っている。

Cさんの事例は、そのことを教えてくれます。

ケース4 「ありがとう」の習慣で家族関係が劇的に改善

Dさんは、家族との関係に悩んでいました。特に1歳上の妻とは、息子のしつけをめぐって盛大な夫婦喧嘩をすることもしばしばでした。

しかし、両親の不仲を目にして不安に怯《おび》える幼い息子を見た時、彼はハッとしました。そして、「何とかして夫婦関係を改善したい」と望むようになりました。

そこでDさんは、こう決めました。

「妻に毎日『ありがとう』を言う」

そして、欠かさず感謝の言葉を伝え続けたのです。

「いつも息子を世話してくれてありがとう」

「いつも食事を用意してくれてありがとう」

こうして、今まで口グセだった「そんなことを言うな！」「言われなくてもわかってる！」という言葉をぐっと飲み込み、「ありがとう」に変換していったのです。

やがて妻にも明るい笑顔が戻り、息子の心も落ち着きを取り戻しました。

今は家族の会話も増えて、家庭内の雰囲気は明るくなったと喜んでいます。

習慣は、人と人との関係まで大きく変える力があるのです。

以上は私が見てきた事例のうち、ほんの一部です。

今までに何百人という人たちが、これらのケースと同じように、習慣の力によって人生を大きく変えてきました。

他にも、散財ばかりで経済的な不安を抱えていた人が**貯蓄できるようになったり**、連戦連敗だった中学校の**弱小サッカーチームが強豪校に勝ったり**、**勉強嫌いだった子どもが自分から進んで本を読むようになったり**と、老若男女を問わず習慣によって大きな変化を遂げた人たちを大勢見てきました。

習慣を作る力があれば、どんな悩みや問題にも対応できる。

私がそう断言できるのは、習慣によって幸せな人生を手に入れた人たちの存在があるからです。

習慣ポイント

DAY 006

習慣を作ることが、人生に想像以上の劇的な変化を生みだしてくれる

007

習慣は、誰でも、何歳からでも身につけられる

今日始めれば、明日から人生が変わり始める

習慣を身につけるのに、遅すぎることはありません。

「誰でも、いつからでも始められる」

これが、習慣の良いところです。

習慣は、思い描いた通りの人生を作り上げるための手段です。

そして**「こうなりたい」という夢を描くのに、年齢制限はありません。**

もちろん、物理的に無理なことはあります。例えば、私が「空を飛びたい」と思っても、スーパーマンのように体一つで空中を飛び回ることはできません。

でも、私が「セスナ機の免許を取って、空を飛びたい」という夢を描いたとしたら、

どうでしょうか。

私は今年60歳です。でも、あと10年あれば、航空機の操縦免許を取得し、お金を貯めてセスナ機を購入し、プライベート空港から大空へ飛び立つことができるかもしれません。

10年後の私は70歳です。もちろん、簡単にはいかないこともあるでしょう。しかし、物理的に無理なことは一つもありません。だから、**この夢が叶う可能性は十分あるのです。**

今日という日は、残された人生で一番若い日です。

そして、誰にでも平等に今日という日はやってきます。

今日から何か1つ習慣を始めれば、明日以降の人生は確実に変わっていきます。

すべての人が、毎日新たなスタートを切るチャンスを与えられているのです。

習慣ポイント

DAY 007

毎日が新しい習慣を始めるチャンスであり、人生が変わり始める起点の日になる

008

意志もやる気も才能もいらない

人生を変えるために必要なのは「良い錯覚」

習慣を身につけるのに、才能もやる気も必要ありません。

そもそも「能力がある・ない」「意志が強い・弱い」というのは、誰が決めているのでしょうか。

能力や意志の強さに、一般的な平均などありません。

では、世界共通の尺度がないものを誰が決めているのか？

答えは、自分自身です。測定する基準もないのに、勝手に「私は能力がない」「自分は意志が弱い」と決めつけているだけ。

要するに、すべては自分の錯覚にすぎないということです。

習慣ポイント
DAY 008

思い切り自分に都合よく「錯覚」しよう

しかも、この錯覚自体が習慣から生まれています。

テストの点数を見て、「50点しか取れないなんて、自分は能力がない」と考える習慣があるのか、「50点も取れるなんて、自分は能力がある」と考える習慣があるのか。どちらの思考習慣を身につけているかで、「能力があるか、ないか」の錯覚が生まれるわけです。

だったら、思い切り自分に都合よく錯覚したほうがいい。最初はウソでもいいので、「自分はなんて天才なんだ！」「自分は意志が強いなあ」と考えればいいのです。

脳は素直にだまされてくれるので、潜在意識に刷り込まれて、そのうち本当に「能力がある人間」や「意志が強い人間」として行動するようになります。

人生を変えるために必要なのは、才能でもやる気でもなく、ただの錯覚である。

そう考えれば、「自分にもできそう」と思えてくるのではないでしょうか。

009

私ももともとは何も続かなかった……

ドン底にいた32歳の自分を変えた出会い

私も今でこそエラそうに習慣の大切さについて話していますが、もともとは何をやっても続かない人間でした。

続くのは、悪い習慣ばかり。

ギャンブルをしたり、**稼いだお金をすぐに使ってしまったり**、気に入らないことがあると**周囲に当たり散らしたり**と、そんな習慣ばかりが身についていました。

当然、人生がうまくいくわけではありません。

20代で起業したものの、**立ち上げた事業はすべて失敗に終わり、あえなく倒産。借金を抱え、周囲にいた人たちも離れていきました。自暴自棄になり、周りに迷惑を**

かけたことも数知れず……。

そのうち「どうせ自分は何をやってもうまくいかない」という〝思考習慣〟がすっかり染み付いて、ますます人生は行き詰っていきました。

そんな私を変えたのは、32歳の時に参加した研修での出会いでした。

私のことを心配した知人が、「自分を変えるきっかけになるかもしれないから」と勧めてくれたその研修で、私は初めて習慣の力を目の当たりにしたのです。

研修には、当時の私よりはるかに歳上の60代男性が参加していました。

その人が、**「毎日ハガキを書く習慣がある」**と話してくれたのです。

彼はしばらく前に再婚しました。相手の女性も再婚で、10代の娘がいました。

娘は死別した実の父親が大好きだったので、新しい父親になった彼にはまったく懐《なつ》こうとしません。

そのうち娘は全寮制の高校に進学が決まり、家を出ることになりました。その学校は当時とても荒れていて、退学する生徒も大勢いたそうです。

それを知って娘を心配した彼は、父親として彼女のために何かできることはないかと考え、「毎日娘にハガキを出す」と決めました。

そして1日も欠かさず、娘に便りを出し続けたのです。

書くことは日によってさまざまでしたが、最後のひと言はいつも決まっていました。

「君を信じてる」

その言葉にありったけの愛情を込めて、彼はハガキを書き続けました。

娘は彼のことを父親とは認めていないので、返事が来ることはありません。それでも彼は、**卒業までの3年間、一度も休まずこの習慣を続けました。**

そして迎えた卒業式の日、娘は初めてその男性を「お父さん」と呼び、「ありがとう」と言ってくれたそうです。

それからは、本当の親子のような関係になれたと彼は話してくれました。

この話を聞いて、私は感銘を受けました。

そして、「『毎日同じことをする』と決めてやり続けることには、もしかしたらとてつもない力があるんじゃないか」と感じたのです。

これが、私が「習慣」というものを初めて意識した瞬間でした。

この体験をきっかけに、「自分も何かを続けてみたい」という気持ちが私の中に芽生えました。

それで思い出したのが、以前に書店で見かけた言葉でした。

おそらく何かの本のPOPに書かれていたキャッチコピーだったと思いますが、こんな言葉が私の目に飛び込んできたのです。

「産んでくれてありがとう」

その言葉は、私の中に強烈な印象として残りました。

なぜなら私は親に心配や迷惑をかけてばかりで、母に「ありがとう」を言ったことなど一度もなかったからです。

私の母は流産と死産を4度も経験しています。その苦しみの末に、5度目の出産で産まれたのが私でした。

母は命がけで自分を産んでくれたのに、私は感謝を伝えるどころか、「あんたが俺を産んだから、こんなろくでもない人間になったんや！」と暴言を吐く始末でした。

我ながら本当にひどい人間だったと思います。

だから私は、母に向けてこんな言葉を紙に書いてみました。

「命がけで産んでくれてありがとうございます。これからは少しでも『産んでよかった』と思ってもらえるように頑張りますから、ぜひ長生きしてください」

そして、これを**毎年1月1日に母の前で読むと決めました。**

初めてこの言葉を伝えた時の母の顔は、今でも忘れられません。

残念ながら、母はその後すぐに他界してしまったので、本人に直接言葉を伝えられたのは2回だけでした。

それ以降は母の仏壇に向かって、この言葉を読むのが私の習慣になりました。

不思議なもので、**母に「ありがとう」を言い続けるうちに、他の人たちにも自然と「ありがとう」を伝えるのが習慣になっていきました。**

それとともに、今まで当たり前だと思っていたことが実は当たり前ではなく、いかにありがたいことかにも気づくようになりました。

電車が時刻通りに来てくれて、仕事に遅刻せずに済んだら「ありがとう」。

会社のフロアがきれいだったら、掃除してくれた人に「ありがとう」。

こんなふうに、日々のささやかなことに感謝できる心が育っていきました。

すると、いつの間にか周囲の人たちとの関係も良くなり、仕事も少しずつうまくいくようになりました。

そして生前に母がよく言っていた「人さまのお役に立ちなさい」という言葉を実践すべく、大人から子どもまで誰もが夢を叶えて自分らしい人生を送るためのお手伝いをしたいと考えるようになりました。

私が今、多くの人に習慣を作り出す方法をお伝えする仕事をしているのは、こんな経験があってのことです。


他にも私は、「これを続ける」と決めてやり続けている習慣がいくつもあります。

脱いだ靴をきちんと揃える。

相手の目を見て挨拶する。

メルマガを毎日書く。

小さなことですが、どれも今の私を作り上げている大事な習慣です。

私にきっかけをくれたあの男性に倣って、「一人の相手に100日間ハガキを出す」という習慣も続けています。お世話になった方や思いを伝えたい相手に、手書きで1枚1枚心を込めてメッセージを綴っています。

毎年元日に自分の子どもたちに感謝の言葉を読み上げるのも、私の習慣です。

かつて母にしていたのと同じように、息子への感謝の気持ちを紙にしたため、本人たちの前で読み上げます。

「産まれて来てくれてありがとう。君たちが中学生の時に言ってくれた『父を尊敬しています』という言葉は、お父さんの励みです。一生そう言ってもらえるように頑張るので、君たちも自分の生き方を貫いてください」

子どもたちにこう言った以上、父親である私が少々のことでへこたれたり、サボったりすることはできません。

毎年子どもたちへのメッセージを読み上げるたび、「親父の子どもでよかった」と思ってもらえるような生き方をしようという気持ちが強くなります。

習慣ポイント

DAY

009

たった1つの小さな習慣で、人生は驚くほど変わる

こうして**私自身が、習慣の持つ力に救われてきました。**

何をやってもうまくいかず、仕事でも人間関係でもどん底を味わった私でさえ、習慣によって人生を大きく変えることができたのです。

こんな私ができたのだから、もちろんあなたにもできます。

この本で紹介するのは、**大人から子どもまで年齢や性別、職業を問わず、あらゆる人を変えてきた再現性の高いメソッド**です。

「こうすれば続けられる」という具体的な方法をシンプルに紹介しますので、まずは1つでもいいから、自分が気になったものやできそうだと思ったものから始めてみてください。

010

習慣の力で、思い描いた通りの自分になれる!

人生を変えようと思った時点で、人生は変わり始めている

ここまで読んでも、あなたはまだ「本当に自分を変えることができるのか」と不安に思っているかもしれません。

でも、大丈夫。

あなたは必ず変われると、私が保証しましょう。

なぜなら、あなたはすでに「この本を手に取る」という行動を起こしているからです。

人生を変えようと思った時点で、すでに人生は変わり始めている。

私はそう断言できます。

「今の自分を変えたい」ということは、その裏に「本当はこんな自分になりたい」という思いがあるはずです。

「なりたい自分」を思い描ける人は、間違いなく自分を変える力を秘めています。

あとは習慣というスキルを使って、そこに近づいていくだけです。

よく「人生は思い通りにならない」という人がいます。

でも、それは大きな誤解です。

人生は思い通りになります。

もっと正確に言えば、**「人生は思い描いた通りにしかならない」**のです。

「野球選手になる」という夢を一度も思い描いたことがない人が、プロ野球選手になることはありません。

「思い描いたことはなかったけど、うっかりメジャーリーガーになってしまった」なんて人は絶対にいないはずです。

人間は、なりたい自分にしかなれない。

だから今、「自分を変えたい」と思ってこの本を読んでいるあなたには、間違いなく理想の自分に近づいていく力があります。

その力をぜひ信じてみてください。

そして「なりたい自分」になるための最初の一歩を、この本とともに踏み出しましょう。

習慣ポイント
DAY 010

人生は思い描いた通りにしかならない

第2章

なぜ、あなたは続けられないのか？

011

そもそも習慣とは何か？

習慣とは「本性」である

習慣とは、一般的には「ある物事を継続して行うこと」と理解されています。

しかし、「これを続けなくては」と意識してやっているうちは、厳密には習慣とは呼べません。

第1章で説明した通り、習慣とは〝潜在意識への刷り込みが引き起こす無意識の反応〟です。

つまり、**自分では意識せず何気なくやってしまうこと**を「習慣」と呼びます。

「今日は歯磨きをしなくては」と意識しなくても、気づいたら歯を磨いている。

この状態が習慣です。

同じ歯磨きでも、「ご飯の後は歯を磨きなさい」と親に言われないとやらない小さな子どもたちは、まだ習慣と呼べる状態ではないということです。

もちろん最初のうちは、意識的に歯を磨くという行動を繰り返すことが必要です。でも何千回、何万回と繰り返すうちに、それが潜在意識に刷り込まれ、無意識のうちにやってしまうようになります。

そう考えると、実は**習慣とは怖いもの**です。

無意識のうちにやってしまうことなので、自分ではその行動や言葉になかなか気づきません。

でも、その**無意識の言動にこそ、その人の〝本性〟が現れる**のです。

営業マンがお客様の前で笑顔を作っても、相手に断られた瞬間、自分でも気づかないうちに怒りや落胆が表情に出てしまう。

これが習慣であり、自分の〝本性〟です。

いくら表情や言葉を取り繕っても、その裏に違う「もう一人の本音の自分」がいる限り、その笑顔はあくまでも意識的な言動にとどまります。

しかも他人は、本人が意識してやっていることより、無意識にやってしまう習慣をしっかりと見ています。

いくら営業マンが笑顔を作っても、断った瞬間のムッとした表情を見て、相手は「感じの悪い人だ」と判断するわけです。

ですから、あなたが他人に「感じのいい人だ」と判断してもらうには、どんな場面でも「無意識のうちに笑顔になってしまう」という習慣を作り上げる必要があります。

毎日自然と歯磨きをしてしまうように、意識しなくてもついニコニコしてしまうようになれば、それが「習慣」になったということです。

「そんなハードルが高そうなこと、とてもできそうもない」と思ったかもしれません。

でも、安心してください。

今の自分の〝本性〟と「なりたい自分」との間にギャップがあるという事実と向き合った時点で、すでにあなたは自分を変えるための第一歩を踏み出しています。

自分の現在地を知らなければ、目指すゴールまでの距離や

方角もわかりません。

でも、今の自分の〝本性〟を知れば、「なりたい自分」を目指して正しい努力ができます。

決して、現在の自分を否定する必要はありません。

今の自分は過去の習慣によって作り上げられたものですから、そのメカニズムを知れば、今度は自分が思い描く通りに未来の自分を作っていくことができます。

ではさっそく、「習慣＝本性」がどのように作られているのか、その仕組みを詳しく説明していきましょう。

習慣ポイント
DAY 011

「習慣」とは、自分では意識せず何気なくやってしまうこと

012

なぜ、あなたは続かないのか？

「脳」が楽しいことは続き、そうじゃないことは続かない

あなたが今までに挫折した習慣は、どんなものでしょうか。
英会話やダイエット、貯金など、いくつも思い浮かぶかもしれません。
では、あなたが今までに続いた習慣は、どんなものですか？
「どれも挫折ばかりで続いたことなんかない」という人も、よく考えてみてください。
毎日電車の中でスマホゲームをする。
食事の後は必ず甘いものを食べる。
給料が入ったら自分へのご褒美に買い物をする。
こんな習慣なら続いているという人、たくさんいるのではないでしょうか。

では、**続く習慣と続かない習慣の違い**はどこにあるのか。

それは、**「脳が楽しいと感じるか、感じないか」**です。

英会話は楽しくないけど、スマホゲームは楽しい。ダイエットは楽しくないけど、甘いものを食べるのは楽しい。貯金は楽しくないけど、買い物は楽しい。

この違いが、継続するか、挫折するかの差となって現れるのです。

「そんな単純な話なの!?」と驚くかもしれません。

しかし脳の仕組みからいえば、すべては「好き嫌い」で決まります。

五感から脳に入った情報は、扁桃核《へんとうかく》という部位が「快・不快」を判断します。

そして**「快（＝好き・楽しい・嬉しい・ワクワクなど）」**を感じたものには、みずから接近していきます。

これを**「接近反応」**と言います。

一方、**「不快（＝嫌い・退屈・悲しい・ムカムカなど）」**を感じたものから、遠ざかろうとします。

これを**「回避反応」**と言います。

だから、好きなものは続くし、嫌いなものは続かない。

要するに、**人間は楽しいことしか続かない**のです。

たいていの人は、「これをやるのが正しいから、続けなくてはいけない」と考えます。

スマホゲームをせずに勉強をすることが正しい。甘いものを控えて健康的な食生活を送るのが正しい。無駄遣いをやめて貯金するのが正しい。

そう考えて、正しいことを続けようとします。

しかし、**脳は正しさだけで何かを続けることはできません。**

そこにワクワクする感情がないと、いくら正しいことでも脳が勝手に回避反応を起こしてしまいます。

あなたの習慣が続かないのは、そこに原因があります。

よって、習慣を続けるために必要なのは、正しいことを無理に続けようとすることではありません。

「正しいことを楽しむ努力」をすることです。

「いやいや、嫌いなものを楽しむなんて無理でしょ！」

そう思うかもしれません。

でも、人間の脳はとっても単純です。

あなたは英語の勉強が苦手で、これまで何度も挫折したとしましょう。

ところがある英会話スクールへ行ってみたら、教えてくれる先生が**あなたの大好きなハリウッド俳優（または女優）にそっくり**でした。

となれば、あなたはその先生に会うのが楽しくて、サボることなく英会話スクールに通い続けるのではないでしょうか。

別に英語そのものが好きではなくても、**スクールに通うのが楽しくなれば、結果的に英語の勉強が習慣になります。**

このように、脳をワクワクさせることは意外と簡単です。

多くの人は自分が脳の「快・不快」によって

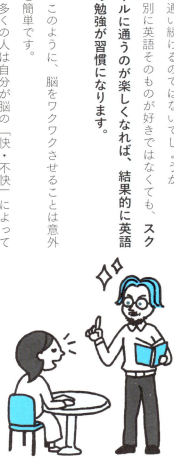

反応していると知らないので、「苦痛なことを苦痛なまま、根性ややる気で乗り越えなくてはいけない」と思い込んでいるだけです。

まずは、自分が「好き嫌い」の感情に支配されていることを知れば、習慣形成の糸口が見えてきます。

習慣ポイント

DAY 012

苦痛に感じるものが続かないのは当然のこと。まずは苦痛→ワクワクへ

013

やっぱり、あなたは習慣に操られている

人間は「過去のデータ」に感情を支配されている

では、扁桃核《へんとうかく》は何をもって「快・不快」を判断するのでしょうか。

それは、**「過去の感情とセットになった記憶」**です。

同じ仕事が目の前にあっても、その人がどんな過去の記憶を持っているかで、判断は違ってきます。

過去に仕事がうまくいかなかった記憶がある人は、そのデータをもとに扁桃核が「不快」と判断します。

そして「嫌だ」「つらい」という感情が生まれ、「できればやりたくない」という気持ちでイヤイヤ動くという「回避反応」を起こします。

一方、過去に仕事がうまくいった記憶がある人は、そのデータをもとに扁桃核が「快」と判断します。

そして「楽しい」「面白い」という感情が生まれ、「やってみよう！」という気持ちでみずから進んで動くという「接近反応」を起こします。

つまり、**楽しいか楽しくないかという感情は、すべて自分が後付けした結果**だということ。最初から「楽しい仕事」と「嫌な仕事」が存在するわけではないのです。

私たちの脳は、1日に7万回も「快・不快」を判断しています。12万回という説もあるそうですが、いずれにしても膨大な数です。

それを知ると、人間が感情に支配されてしまうのも納得がいきます。

しかも、**人間の脳はマイナスの感情ほど記憶されやすい**という特性があります。

だから、うまくいったことより、うまくいかなかったことのほうが、過去のデータに多く蓄積されてしまいます。

よって仕事や勉強で目標を立てても、過去の記憶をもとに「できない」「無理だ」と考えて、あきらめてしまうのです。ピンチに直面した時も、過去の記憶をもとに「困った」「ヤバい」と思い、不安で萎縮してしまいます。

売れない営業マンにとって、本当に難しいのはトップ営業マンになることではありません。

「自分はトップ営業マンになれる！」と思うことが難しいのです。

弱小野球チームの選手にとって、本当に難しいのは甲子園に出ることではありません。

「自分たちは甲子園に行ける！」と思うことが難しいのです。

私たち人間は記憶力が良すぎるために、過去のデータに感情を支配されています。

過去の記憶が感情を決め、感情が行動を決める。

その行動の積み重ねが、習慣になるのです。

習慣ポイント
DAY 013

過去の記憶が感情を決め、感情が行動を決め、行動の積み重ねが習慣になる

014

なぜ、悪い習慣はやめられないんだろう？

ダイエットしたけりゃ、甘いものには近づくな

すでに説明した通り、扁桃核《へんとうかく》が下す「快・不快」の判断によって、人間の感情や行動は「接近反応」と「回避反応」に分かれます。

私たち人間の感情や行動は非常に複雑なように見えて、実は「近寄っていくか、離れていくか」のどちらかしかないのです。

そして反応のパターンに着目すると、「うまくいく人」と「うまくいかない人」の違いが鮮明になります。

その違いは、次の通りです。

うまくいく人は、必要があることに接近し、必要がないことを回避する。

うまくいかない人は、必要があることを回避し、必要がないことに接近する。

これがどういうことか、具体的に見てみましょう。

うまくいく人の反応パターンとは、例えば次のようなものです。

英語の勉強をするには、参考書を手に取る必要があるので、手元のカバンに参考書を入れて時間があればすぐ取り出せるようにしている――これが、「必要があることに接近する」ということです。

ダイエットをするには、甘いものを控える必要があるので、コンビニに行ってもスイーツの棚には近寄らない――これが、「必要がないことを回避する」ということです。

一方、うまくいかない人の反応パターンは、こうです。

英語の勉強をするには、参考書を手に取る必要があるのに、机のすみに置きっ放しにしている――これが、「必要があることを回避する」ということです。

ダイエットをするには、甘いものを控える必要があるのに、コンビニへ行くとスイーツの棚に寄っていってしまう――これが、「必要がないことに接近する」ということです。

こうして見ると、「やるべきことはやらず、やるべきではないことをやる」というのが、何事もうまくいかない人の反応パターンであることがわかります。

「悪い習慣がやめられない」という人も、こちらのパターンです。

仕事で成果を上げたいなら営業の外回りをすればいいのに、ついパチンコ店に入ってしまう……。筋トレをしたいなら会社帰りにスポーツジムへ行けばいいのに、つい居酒屋に行ってしまう……。こうして必要のないことにばかり近寄っていくから、いつまでたっても悪い習慣がやめられません。

悪い習慣を断ち切り、良い習慣を身につけたいなら、意識的に「必要があることに接近し、必要がないことを回避する」という反応パターンに切り替える必要があります。

習慣ポイント

DAY 014

必要なことはすぐできる状態にし、必要のないことには近づかない

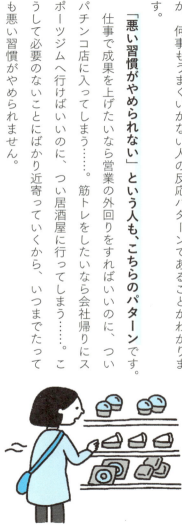

015

コレが、習慣化を邪魔するモノの正体だ！

「ラク」と「充実」どちらをとるかが人生の分かれ目

習慣を作るために、もう一つ理解しておくべきことがあります。

それは、人間が「安楽の欲求」と「充実の欲求」という2つの欲求を持っていることです。

安楽の欲求とは、**「ラクして生きたい」**と求める心です。

食欲・睡眠欲・性欲の三大欲求のほか、物欲や支配欲、私利私欲などが該当します。

充実の欲求とは、**「充実して生きたい」**と求める心です。

自己実現欲や自己成長欲、価値創造欲や社会調和欲などが該当します。

習慣を作ろうとする時、この2つの欲求がぶつかり合います。

「人生をより良くするための習慣を身につけたい」と充実の欲求を追い求める自分がいる一方で、「そんな努力は面倒くさいからやめておこう」と安楽の欲求を追い求める自分がいるわけです。

そこで**安楽の欲求が勝ってしまうと、習慣は続きません。**

頭では「これをやったほうがいい」と理解していても、ラクをしたいという欲求が強ければ、「やっぱりやーめた!」と放り出してしまいます。

人間はどちらの欲求を追い求めるかで、思考と行動のパターンが決まります。

安楽追求型の人の思考パターンは、次のようなものが代表的です。

・面倒なことは避けたい
・自分に責任が回ってくるのが怖い
・新しいことにチャレンジしたくない

その結果、次のような行動パターンが習慣化します。

・他人に責任を転嫁する
・指示がなければ行動しない
・トラブルの処理が遅れ、仕事の改善・向上が遅れるこうして見ると、安楽を求める人は、他者に期待する〝依存型〟の姿勢で生きていることがわかります。「自分でやらなくても誰かがやってくれる」「できなかったら他人のせい」と思い、自分で考えて行動しようとはしません。

一方、**充実追求型の人の思考パターン**は、このようなものです。

・ビジョンを達成するためなら、面倒なことでもやりたい
・責任ある仕事がしたい
・新しいことにチャレンジしたい

その結果、次のような行動パターンが習慣化します。

・自分が責任を取る
・指示がなくても自分で考えて行動する
・トラブルの処理が早く、仕事がどんどん改善・向上する

これでわかるのは、充実追求型の人は、自分に期待する〝自立型〟の姿勢で生きているということです。

〝自立〟とは、どのような環境や条件のもとでも、自分の能力と可能性を最大限に発揮して、道を切り拓いていこうとする姿勢。他者に依存する生き方とは、まさに正反

対です。

では、良い習慣を身につけ、成長していけるのは、どちらのタイプでしょうか？

そう、もちろん、充実追求型です。

目の前の安楽に流されず、充実した人生を送ろうと意識することで、人間は誰でも、何歳からでも成長することができます。

人間は何も意識せずに生きていると、安楽の欲求が勝つようになっています。

誰だって、苦労するよりはラクできたほうがいいと思うのが自然です。

ただし、それでは習慣が身につかず、人生をより良くすることもできません。

今の人生のまま、ラクする道を選ぶのか。

今より良い人生を目指して、充実して生きるための行動をするのか。

あなたが本当に望むのはどちらかを、自分自身に問いかけてみてください。

習慣ポイント

DAY 015

充実した人生を送ろうとすることで、誰でも何歳からでも成長することができる

016

習慣＝思いの深さ×繰り返し反復

メカニズムさえわかれば、いくらでも作り出すことができる

安楽の欲求に流されず、充実の欲求を追求するにはどうすればいいのか。
その答えは、「理想の自分」のイメージを描くことです。
習慣形成の法則は、次の方程式で表すことができます。

「習慣＝思いの深さ×繰り返し反復」

習慣を作るには、1つのことを意識的に反復しなくてはいけません。
しかし、その前提に**「自分はこうなりたい」という思いがなければ、頑張って反**

復を続けることは難しくなります。

そして、その「思い」が深いほど、習慣形成の成功率は高まります。

例えば、5年後や10年後の自分がどうなっていたいかを思い描いたとしましょう。

もちろん、それだけでも習慣形成への一歩を踏み出すことはできますが、習慣を継続するには、さらにそのイメージを深めることが必要です。

思いを深めるポイントは、「理想の自分を手に入れた時、それを見て誰が喜んでくれるか」を想像すること。

なぜなら、人間が頑張るには「自分は誰かに認められている」という承認感が必要だからです。

自分が成果を出した時、それをともに喜び、自分自身を認めてくれる人物がいることは、何よりの原動力になります。

家族や友人、上司や同僚、仕事のお客様など、人によって色々な顔が浮かんで来るでしょう。

そのイメージをできるだけ具体的に描けば、その分だけ思いは深まります。

習慣ポイント
DAY 016

「自分はこうなりたい」という思いが強ければ強いほど、習慣化もしやすくなる

「思いの深さ」と「繰り返し反復」という行動が組み合わさった時、あなたは習慣という大きな財産を手にすることができるのです。

この章では、習慣が作り出されるメカニズムを解説しました。

もしかしたら、「自分が脳の働きや本能的な欲求に支配されているなら、それを覆して習慣を作るなんてできないのでは？」と思った人もいるかもしれません。

でも、心配は無用です。

仕組みを理解すれば、私たち人間が持つ特性や本能を逆手にとって、いくらでも良い習慣を作り出すことができます。

それでは早速、次の章から習慣化するための具体的なノウハウをご紹介しましょう。

第3章

意志が弱い人でも続く！「最強の習慣化」スキル

017

まずは「小さな習慣」から始める

小さな習慣の積み重ねが、人生を大きく変える

習慣によって、人生を変えたい。

そう思うなら、まずやるべきことは決まっています。

それは、「小さな習慣」から始めること。

自分を変えたいからといって、いきなり大きなことをやろうとしてはいけません。

人生を変えるのは一発逆転の出来事ではなく、日常のささいな習慣の積み重ねです。それがあなたの本性となり、あなたという人間そのものを変えてくれます。

誰にでもできることを、誰にでもできないくらい続けること。

それができた時、あなたは習慣が持つ力を必ず実感することになります。

小さな習慣と言われても、ピンとこない人もいるかもしれませんね。

例えば、こんなことです。

- 早起きする
- 日記をつける
- 通勤時間に本を読む
- 脱いだ靴を揃える
- 職場の人に自分から挨拶する
- 目の前のゴミを拾う

「えっ、そんなことでいいの!?」と思った人が多いでしょう。

でも、そんなことでいいのです。

先ほど言ったように、**一見すると「誰にでもできる」と思えるようなこと**を、自分との約束にしてください。

難しく考える必要はありません。自分が以前から「できればこうしたい」「時間があったらやりたい」と心に引っかかっていたことをやればいいだけです。

「靴を揃えることが、人生を変えることにどうつながるの？」と疑問に思うかもしれません。

ここで重要なのは、「何を続けるか」より、**「自分で決めた約束を守ることができた」という実績を作ること**です。どんなにささいなことでも、1日、また1日と続けることで自信がつき、あなたに達成感をもたらします。

第2章で、私たち人間は過去のデータに感情を支配されていると話しました。

だから**何か1つでも続けられたという記憶が増えれば、別のことをやろうとした時も、「自分はできる！」とワクワクしたり、楽しんだりできるようになります。**

そして気づくと、いつの間にか人生が大きく変わっています。

その入り口となるのが、「小さな習慣」なのです。

私の研修を受けた人たちにも、まずは「小さな習慣」から徹底して続けてもらいます。その結果、人生が大きく変わった人もたくさんいます。

ケース1　毎日ゴミを捨てたら、営業成績が上がった！

Eさんは、「家に帰ったら、３つゴミを捨てる」という小さな習慣を続けました。

当時の彼は保険会社の営業マンで、成績が伸びずに悩んでいました。

私が毎日の過ごし方を詳しく聞いてみると、「仕事から家に帰ったら、すぐにスーツを脱いでソファに座り、テレビをつける」と言います。

仕事で疲れているので、あとはゴロゴロするだけ。部屋の掃除をすることもなく、家の中は散らかり放題とのことでした。

それを聞いた私は、**「スーツを脱ぐ前に、どれでもいいからゴミを3つだけ捨てよう」**と提案しました。Eさんも「それくらいならできそうだ」と納得し、それを自分との約束にしました。

それを毎日続けるうちに、気づくとEさんはテレビをつけなくなっていました。

ゴミを捨てて部屋の中が片付くと、テーブルの上もスッキリします。すると「せっかくだから明日のタスクとアポを確認しておこうか」という気になり、テーブルにスケジュール帳を広げるのが習慣になったのです。

テレビを見ながらダラダラと夜更かしすることもなくなり、翌朝も早起きして、気持ちよく仕事に向かうようになりました。

その結果、仕事のミスや遅刻も無くなり、段取りよく効率的に業務をこなせるようになりました。それに伴い、営業成績も驚くほどアップしたのです。

Eさんがやったのは、「ゴミを3つ捨てる」という小さな習慣です。

それがEさんの**「ダラダラするのが好き」「面倒なことが嫌い」という〝本性〟を変え、仕事でも良い結果をもたらしました。**

Eさんも最初は、「営業成績を上げたいのに、なぜゴミ捨て?」と疑問に思ったでしょう。

しかし、これが「小さな習慣」を続けるすごさなのです。

ケース2 メルマガを書き続けて、本を出版

Fさんは、「毎日メルマガを書く」と決めて、以来9年半にわたってこの習慣を続けています。

メルマガに書くのは、1日を振り返って感じたことと、本を読んで感銘を受けたこと。日記代わりにと軽い気持ちでメルマガを書くと決めたものの、最初の頃は書くことが思い浮かばず、1時間も2時間も頭を悩ませることがよくありました。

小さな習慣だと思ったことが予想以上につらく感じて、何度も挫折しそうになったと言います。

そこで開き直って、**格好つけずに自分や家族のことを何でもオープンに書くようにした**ところ、読者からも「共感しました」という声がたくさん届くようになりました。

Fさん自身も、ありのままの自分をさらけ出すことで、一緒に働く部下や仕事相手に対してもありのままを受け入れられるようになりました。人間関係が良くなったことで、仕事にも良い影響が生まれるようになりました。

さらに、メルマガの評判を聞きつけた出版社から声がかかり、自分の体験や思いを本にして出版するという思いがけない機会にも恵まれました。

Fさんがメルマガを書き始めた時は、まさか自分が全国区で名前を知られる著者になるとは想像もしていませんでした。

すべては「毎日メルマガを書く」という小さな習慣から始まったのです。

ケース3 朝のトイレ掃除が、会社全体を変えた

Gさんは、「毎朝会社のトイレ掃除をする」という小さな習慣を続けました。

実はGさんは経営者で、「トイレ掃除のおかげで会社の業績が良くなった」という他社の事例を耳にしていました。

そこで最初は社員たちに掃除を習慣化させようとしたものの、誰もやりたがらなかったため、「だったらリーダーの自分が率先してやってみせよう」と毎朝一人でトイレ掃除をすることにしたのです。

社員の誰よりも早く朝6時に出社し、トイレブラシと洗剤を両手に持って、慣れない手つきで1時間近くかけてトイレを掃除する日々が始まりました。

最初は人が使ったトイレを自分の手で掃除することに抵抗があったものの、そのう

ちに磨けば磨くほどきれいになる様子が段々と楽しくなっていきました。

そして**1年が過ぎた頃、ある社員が「今日から僕がやります」と言い出して、Gさんの代わりに毎朝トイレ掃除をやるようになったのです。**

さらに他の社員たちも、オフィスの掃除に参加するようになり、今ではGさんを含めた全員で毎朝10分間の掃除をするのが習慣になりました。

Gさんが一人でトイレ掃除を続けた1年間に、自分から「お前たちも掃除をしろ」と言ったことは一度もありません。

それでもみずから進んで掃除を始めた社員たちを見て、Gさんは「みんなは見ていないふりをして、実は自分の行動をしっかり監視していたのだ」と気付きました。「どうせそのうちやめるだろう」と思って見ていたら、1年以上も毎朝欠かさず社長がトイレ掃除を続けている。その様子からGさんの本気度が周囲に伝わり、社員たちの行動まで変えてしまったのです。

社員全員で掃除をする習慣は、会社全体の一体感を高め、業務も円滑に回るようになりました。

一人の人間が「小さな習慣」を続けたことで、自分自身はもちろん、組織全体が

大きく変わったのです。

いかがでしょうか。

『小さな習慣』が人生を変える」と私が言った意味が、理解していただけたのではないでしょうか。

事例で紹介した人たちは、最初から大きな変化を期待していたわけではありません。

それでも「小さな習慣」を続けたことで、結果的に人生が変わってしまったのです。

1つ1つはささいなことでも、続ければとてつもなく大きな力になる。

そのことを、ぜひあなたにも知ってもらいたいと思います。

習慣ポイント

DAY 017

「続けられた」という実績があなたの大きな武器になる

018

「続ける」ではなく「始める」と考えてみる

最初は気負わず、とりあえず「やってみる」

たとえ「小さな習慣」でも、最初から「必ず続けるぞ！」と自分にプレッシャーをかけてしまうと、かえって続かなくなります。

この本を手に取った人は、多かれ少なかれ「自分は続けることが苦手」と思っているはずです。

それは**脳**が「続けることはつらくて苦しいもの」という過去の記憶を蓄積しているからです。

扁桃核《へんとうかく》が過去のデータにもとづいて「不快」と判断すれば、なかなか長続きしません。

ですから、何かを「続ける」のではなく「始める」と考えてみましょう。

これなら、「とりあえずやってみる」という気持ちでスタートできます。「始める」という言葉なら、「何だかワクワクする」と感じる人も多いでしょう。

そもそも「小さな習慣」は、続ける以前に**「まずやってみること」**に価値があります。

どんなにささいなことでもいいので、自分との約束を決めてやってみると、今まで気づかなかった自分の〝本性〟に出会えます。

「靴を揃える」と決めてやってみた時に、意外ときっちり続けられる自分がいるかもしれないし、最初の1週間は続いたけれど8日目からは適当になってしまう自分がいるかもしれないし、初日から挫折する自分がいるかもしれません。

いずれにしても、過去の自分がどのような姿勢で物事に取り組んできたのかを感じることができるはずです。

ほとんどの人は、自分の〝本性〟を意識していません。

だから「このままではいけない」と思いつつ、何をどう変えればいいのかわからず、結局はそのままの人生を歩むことになるのです。

自分が無意識のうちにどう考え、どう行動しているのか。

それに気づくだけでも、非常に大きな価値があります。

「今日から続ける」ではなく「今日から始める」という意識で、〝とりあえずやってみる〟ことが習慣化のカギを握るのだと心得ましょう。

習慣ポイント

DAY 018

とりあえずやり始めることで、今まで自覚していなかった本性に気づくことができる

019

とにかく「ハードル」を下げる

腹筋は1回、日記は1行でOK

習慣を始める時、**絶対にやってはいけないこと**があります。

それは**「完璧」を目指すこと。**

これが習慣形成を挫折させる大きな原因です。

例えば、あなたが「日記を書く」と決めたとしましょう。

あなたは気合いを入れて、立派な日記帳を買ってきました。1日につき1ページずつ書き込めるタイプのものです。

最初のページを開き、今日あったことを書き始めましたが、思いついたことを全部書き終わってもページは半分しか埋まりません。

他に何か書くことはないかと頭をひねったものの、何も思い浮かびませんでした。

その瞬間、あなたはこう思います。

「ダメだ、1ページなんてとても書けない」

そして急に日記を書くのがイヤになってしまうのです。

こうなると、もう次の日からは日記帳さえ開きません。せっかく買った立派な日記帳は、引き出しにしまいこまれて二度と開かれることはないでしょう。

これが完璧主義者によくある挫折のパターンです。

「1日1ページの日記帳なのだから、毎日必ず1ページ埋めなくてはいけない」

そうやって理想の形にこだわり、少しでもそこから外れると「もうダメだ」とあきらめてしまいます。

でも、**「日記とは1日1ページずつ書くものである」なんて決まりは、この世のどこにもありません。**

別に半ページだろうと、3分の1ページだろうと、誰かに文句を言われる筋合いはないはずです。

どうしても書くことがないなら、1行だっていいじゃないですか。

「今日は特に書くことがない」

そう書けばよしとしましょう。

今日のことを振り返って書くのが日記なのだから、**たったひと言でも書けばOK**と考えてください。

そうすれば「今日もできた」という達成感を積み重ねていけます。


習慣化したいなら、**とにかくハードルを下げること**がポイントです。

腹筋なら、「毎日30回」ではなく**「1回でもOK」**とする。

勉強なら、「毎日問題集を2ページ解く」ではなく**「1問でもOK」**とする。

ランニングなら、「毎日30分走る」ではなく**「ランニングシューズを履いて家の外へ出るだけでもOK」**とする。

これくらいハードルを下げてみましょう。

もちろん、理想通りにできれば、それに越したことはありません。

でも、私たち人間は基本的に弱い生き物です。

だから、どうしてもやる気が出ない時や眠くて仕方ない時もあります。

そんな時は**「1行でもOK」「1回でもOK」と考えることで、「自分は続けられた」という自己肯定感が生まれます。**

繰り返しますが、習慣形成で大事なのは、「何を続けるか」より「何かを続けることができた」という実績を作ることです。

習慣化したいなら、**「理想よりも実績」**を合言葉にしましょう。

習慣ポイント

DAY 019

人間は弱い生き物。ハードルを低く設定し、とにかく「継続できた」という実績を作る

020

ゲーム感覚でやる

「攻略感」がモチベーションを生む

人間は、楽しくてワクワクすることしか続きません。

ですから、自分が決めたことをできるだけ楽しむ工夫をすれば、その習慣は続きやすくなります。

楽しむ工夫の1つが「ゲーム感覚でやる」ということ。「決めたことをやる」と考えるのではなく、**「ゲームをクリアする」と考えてみると続けるのが楽しくなります。**

私が「一人の相手に100日間ハガキを出す」という習慣を続けているのも、ゲーム感覚でできるからです。

1日1枚ずつハガキを出して、100枚出したらゴールに到達する。これはつまり、「1日1面ずつクリアして、100面クリアしたらゲームを攻略できる」という図式とまったく同じです。そして一人の相手に100枚出したら、また次の相手に100枚出す。次々と新しいゲームを攻略する感覚で、楽しくハガキを書き続けることができます。

さらに私は、**ハガキに通し番号を振っています。**この番号が1つ、また1つと増えていくのも、ゲームを1面ずつクリアする感覚を強めてくれます。

これが単に「お世話になった人にハガキを出す」というだけだったら、「今日は疲れたからやめておこうか」「また今度出せばいい」とサボってしまうことがあるかもしれません。

でも、**ちょっとした仕掛けで毎日の達成感を得やすくすれば、**同じ「ハガキを出す」という習慣も格段に続きやすくなります。

習慣ポイント

DAY 020

通し番号を振るなどの簡単なひと工夫で、「作業」から「ゲーム」に

021

「仕組み」を作る

意志ややる気に頼らず、続けられる環境を用意する

習慣を始める時、最初は誰もが「今度こそ続けるぞ!」という意欲に満ちています。

問題は、それが長続きしないことです。

「これをやるぞ」という熱い思いがなければ、何かをやり遂げることはできません。

ただし、その熱量が継続しにくいのもまた事実です。

そこで重要なのが、**「仕組み」を作る**こと。

意志の強さや根性で熱量を継続させようとするのではなく、**自然とそれをやってしまうような仕組みを作れば、無理なく習慣化できます。**

仕組みを作る方法は、2つあります。

1つめは、**時間と場所を決める**こと。

「毎日やる」と決めただけでは、「今日は忙しくて時間がなかった」「うっかり忘れてしまった」ということになりかねません。

でも「いつ・どこで」を決めれば、毎日の生活の中に確実にその行動が組み込まれます。

例えば読書を習慣にするとしても、さまざまなタイミングが考えられます。

・起床後、自宅のデスクで
・通勤電車の中で
・昼休みにランチを食べた後で
・寝る前にベッドの中で

これは、どれが正解ということはありません。

人によって、続けやすいシチュエーションは様々だからです。

ですから、まずは色々なタイミングで試してみて、自分が一番続けやすいと感じた場所と時間を選んでください。

それが、あなたにとって最適な「仕組み」になります。


もう1つの方法は、**他人を巻き込む**ことです。

誰かに「これをやる」と宣言したり、他人に対する行動を習慣にすれば、続けないわけにはいきません。

先ほど話した「一人の相手に100日間ハガキを出す」という私の習慣も、まさに他人を巻き込んだ仕組みができ上がっています。

まずはハガキを出す相手に、「これから100日間、あなたに毎日ハガキを出しますので、どうぞお付き合いください」と宣言します。

そう相手に伝えたからには、出し続けるしかありません。

他人を巻き込むことのもう1つのメリットは、**相手から反応が返ってくる**ことです。

私もこの習慣を始めた頃は、途中で書くことがなくなってしまい、もうあきらめようかと思ったことがあります。

その時、苦しまぎれに「**書くことなし！」とハガキに書いて出したら**、相手が「君、オモロイな」と大ウケしてくれたのです。

それで私も、**「なんだ、こんなことでいいんだ」と開き直ることができて**、それからは楽しくハガキを書き続けることができました。

一人で黙々と続けるのは難しくても、他人との約束やリアクションがあれば、それが継続につながります。

仕組みを作れば、意志の強さややる気に頼ることなく、誰もが習慣を継続できるのです。

習慣ポイント

DAY 021

自然とやりたくなるような仕組みを作れば、無理なく習慣化できる

022

「1個前の習慣」を決める

早起きを習慣にしたければ、「何時に寝るか」を決めなさい

習慣が続かない人には、ある共通点があります。

それは、「1個前の習慣」を意識していないことです。

例えば、「毎朝6時に起きる」と決めたとしましょう。たいていの人はこれだけで早起きを続けようとしますが、実は大事なことを忘れています。

それは、**「何時に寝るか」を決める**ことです。遅い時間まで夜更かししたり、日付が変わるまで飲み歩いていたら、翌朝6時に起きられるはずがありません。

毎朝6時に起きるなら、「夜12時には寝る」などと就寝時間も決める必要があります。

これが「1個前の習慣」です。

習慣ポイント

DAY 022

1個前の習慣を決めれば、習慣はスムーズに実行できる

さらに、「夜12時に寝るには、11時までに風呂に入る」「11時までに風呂に入るには、10時までに食事を済ませる」「10時までに食事を済ませるには、9時までに帰宅する」というように、**常に1個前の習慣を決めれば、毎朝6時に起きるという習慣も楽勝で続きます。**

このように、何かを継続したいなら、その1個前の習慣を意識することです。

朝の**ランニング**を習慣にしたいなら、**枕元にトレーニングウェアを用意してから寝る。**

通勤電車で**英語学習**を習慣にしたいなら、**カバンの中にテキストを入れる。**

帰宅後に**資格試験の勉強**を習慣にしたいなら、**帰ってすぐ目に入る場所に問題集と筆記用具を置いておく。**

こうして1個前の習慣を決めれば、それに続く習慣もスムーズに実行できます。

0 2 3

丁寧に行動する

どんなに「良い習慣」も、雑にすると、「悪い習慣」になる

習慣にするのは、小さくてささいなことでいいと話しました。

でも、1つだけ心がけてほしいことがあります。

それは、**「丁寧に行動する」**ということです。

「職場の人に自分から挨拶する」と決めたとしても、それだけなら何の基準もありません。

だから極端なことを言えば、ポケットに手を突っ込んだまま、相手とすれ違いざまに「チーッス」と言っただけでも、挨拶したことになってしまいます。

でも、そんな人間になりたくて、挨拶を習慣にする人はいないはずです。

いくら良い習慣と言われる行動でも、投げやりに振る舞えば、その人の〝本性〟も投げやりなものになります。

手抜きしていいと思えば、手抜きすることがその人の〝本性〟になるのです。

ですから私は、企業の新人研修で挨拶を教える時は、このように伝えています。

「相手の前でいったん止まり、相手の目を見てから、『おはようございます』と言ってください」

これが「丁寧に行動する」ということです。

こうして丁寧な行動を積み重ねることで、あなたの人格や品性にも丁寧さがにじみ出るようになります。

だから**他の行動をする時も、無意識のうちに丁寧に振る舞うようになる**のです。

社会人なら誰もが「挨拶をするのは当たり前」と思っているでしょう。

でも、その当たり前がきちんとできている人が、どれだけいるでしょうか。

特に年齢や役職が上がるほど、当たり前のことができなくなります。

「自分のほうが年上だから、挨拶は向こうからすべきだ」

「自分は上司なのだから、挨拶は部下からすべきだ」

そんなふうに考えている人はたくさんいます。

でも、相手によって自分から挨拶をする・しないを使い分けているうちは、それが本当の習慣になることはありません。

当たり前のことをどれだけ丁寧にやるかで、あなたの〝本性〟が決まります。

当たり前の基準を上げ、習慣の質を上げることで、あなた自身のレベルを上げることができるのです。

習慣ポイント

DAY 023

当たり前を丁寧にすることで、無意識のうちに丁寧な振る舞いができるようになる

024

挫折しない秘訣①
「なりたい自分」を明確にする

できるだけ「願望」を大きく膨らませる

習慣化の最大の敵は「挫折」です。

小さな習慣から始めて、しばらくは続いたとしても、そのうち面倒になったり飽きたりして、同じことを繰り返すのが嫌になってしまう。

何かを習慣化しようとすると、誰もがそんな時期を経験します。

だからこそ、**挫折しないための工夫や仕掛けが必要**です。

ここからは、その秘訣を紹介しましょう。

挫折しない秘訣の1つめは、「なりたい自分を明確にする」です。

もしダイエットを習慣にしたいなら、単に「痩せたい」ではなく、「痩せてどんな自分になりたいのか」をイメージしてください。

「憧れのブランドのワンピースが似合う自分になりたい」

「彼氏と海へ行った時に堂々と水着姿を披露できる自分になりたい」

「子どもに『うちのママは若くてキレイ』と自慢される自分になりたい」

このように、できるだけ具体的に思い描いてみましょう。

目標を達成した時の明確なイメージがあれば、それがやる気につながります。

「自分はできる」という自己肯定感が生まれて、挫折しにくくなるのです。

これがイメージの持つ力です。

イメージがどれだけ大きな力を持つかは、脳の仕組みを知れば理解できます。

人間の脳は、左脳と右脳に分かれています。

左脳は論理的・分析的な思考をすると同時に、「過去を考える」という機能を持ちます。一方の右脳は、感覚的なイメージを描くと同時に、「将来を考える」という機能を持ちます。

もし右脳で将来のイメージを何も描かずにいると、人間は左脳の過去の記憶に支

配されてしまいます。

人間の脳は記憶力が良く、過去のできなかったことを鮮明に覚えています。だから何かを習慣化しようとしても、左脳の記憶が「あれだけ頑張ってもできなかったじゃないか」「今度もどうせ無理だ」と足を引っ張るのです。

それに対抗するには、右脳で将来のイメージをしっかりと描くしかありません。

「自分は絶対にこうなりたい！」と目標を強くイメージすることで、左脳の過去の記憶に引きずられず、未来の自分を信じる力が生まれます。

「なりたい自分」とは、すなわち**「願望」**です。

そして、願望が大きいほど、辛抱する力も大きくなります。

「甲子園で優勝する」という大きな願望がある高校生たちは、それを叶えたいと思うからこそ、厳しい練習にも耐えることができます。

これが「地区予選の一回戦を勝てればいい」という小さな願望しか持たない高校生だったら、「どうせ一回勝てればいいのだから、ハードな練習をしても無駄」と考えるので、厳しい練習に耐えることができません。

つまり**「願望の量＝辛抱の量」**なのです。

ですから、**「なりたい自分」をイメージする時は、理想の姿を大胆に思い描くことが大事**です。

くれぐれも「今の自分はこういう状況だから、変われたとしてもこの程度だろう」などと、夢に制限をかけないでください。そんなことをすれば、願望の量はどんどん小さくなって、辛抱できる量も減っていきます。

なりたい自分の姿を明確にして、できるだけ願望を大きく膨らませること。習慣を挫折しないために、まずはそこからやってみましょう。

習慣ポイント

DAY 024

「なりたい自分」をできるだけ具体的にイメージする

025

挫折しない秘訣②

「今の自分（現在地）」を見つめる

「現在地」を知らずに、「目的地」に辿り着くことは不可能

「なりたい自分＝目標を達成した時のイメージ」を明確にすることが、挫折しない秘訣だと話しました。

それと合わせて、もう1つセットでやってほしいことがあります。

それが、「今の自分＝現在地」を知ることです。

カーナビに目的地だけを入力しても、車は走り出すことができません。 現在地がわかって初めて、これからどのルートを走ればいいのかがわかります。

習慣化も同じです。自分が今どのような状態で、どんな弱点や足りないところがあるかを知らなければ、目標達成に向けて何をどう努力すればいいのかわかりません。

目的地と現在地の間にギャップがあることを自覚しなければ、それを埋めるための努力もできないでしょう。**現在地を知ることは、「正しい努力とは何か」を知ることでもある**のです。

また、現在地を知れば、自分の〝本性〟を正確に知ることができます。

第2章で話した通り、「習慣とは〝本性〟」です。

そして他人は、ふとした瞬間に出るあなたの〝本性〟をよく見ています。

自分が周囲からどう見られているのかを知れば、きっとあなたも「このままではいけない」「自分を変えたい」という思いを強くするはずです。

現在地を知る方法はいくつかあります。

その1つが、**自分の棚卸しをする**ことです。

まずは、あなたが思う自分自身の好ましい点を書き出してみましょう。具体的には、次のようなことを洗い出します。

・自分の好きなところ
・過去に他人から褒められたこと
・特技
・生きる上で大事にしていること
次に、あなたが思う自分自身の好ましくない点を書き出します。
・自分の嫌なところ
・直したいところ
・悪いクセ
・周囲からよく指摘されること
これらをできるだけたくさん書き出してください。

誰かに見せるわけではないので、格好つける必要はありません。

好ましい点も好ましくない点も、思いつくまま素直に書き出すことが大切です。

こうして書き出してみると、「今の自分＝現在地」が見えてきます。

おそらく自分でも何となく感じていたことが多いと思いますが、こうしてはっきり言語化すると、冷静に自分の〝本性〟を見つめ直すことができるはずです。

現在地を知るもう1つの方法は、**他人に聞く**ことです。

上司や同僚、家族や友人などに、**「私ってどんな人？」**と聞いてみましょう。

10人くらいに聞いてみれば、他人に見えている自分の〝本性〟がどんなものかわかるはずです。他人に聞くのは勇気がいるかもしれませんが、自分を客観的に見つめるには非常に良い方法です。

なかには、「自分はそんな人間じゃないのに、どうしてそんなふうに思われているんだろう？」と感じるような答えも返ってくるでしょう。

でも、そこに自分の〝本性〟を知る大事な手がかりがあります。

自分ではそんなつもりがなくても、相手がそう思っているということは、そう思われるような習慣が身についているということです。

それがわかれば、普段の振る舞いや言葉などの習慣をどう変えればいいのかもわかります。

現在地を知った結果、「自分はこんな人間だったのか」と落ち込んでしまう人がいるかもしれません。

でも、そんな必要はありません。なぜなら今の自分を知った時点で、その人は習慣

習慣ポイント

DAY 025

「今の自分」をしっかり見つめ直し、「なりたい自分」とのギャップを把握する

化に半分成功したようなものだからです。

現在地を知らずに、根性や情熱だけでがむしゃらに前へ進んだとしても、目的地に着くことは不可能です。

どんなに努力をしても、決してゴールには辿り着けない。

これほど虚しいことはありません。

でも「なりたい自分＝目的地」を明確にし、「今の自分＝現在地」を知った人は、正しい努力をして着実にゴールへ辿り着くことができます。

「頑張れば必ず目標を達成できる」と信じられれば、途中で挫折することもありません。

習慣化するには、「目的地」と「現在地」をセットで設定することが不可欠だと覚えておきましょう。

026

挫折しない秘訣③

「何のために？」を考える

目的がないものは長続きしない

何かを習慣化したいなら、「何のためにそれをやるのか」を考えてください。

それが、**習慣を継続する大きな原動力**になります。

第1章で、「毎日電話を10本かける」という習慣を続けた結果、トップセールスになった男性の事例を紹介しました。

彼の場合は、「家族のため」が習慣化の原動力でした。

営業成績が悪く、収入もゼロに近づいて、「このままでは家族が生活できない」という思いが、彼を動かしたのです。

「家族のため」という目的があったから、何度断られても挫折することなく、「もう

「1本かけよう」「あともう1本かけよう」と電話をかけ続けることができました。

同じく第1章で紹介した40歳でプロボクサーにカムバックした男性は「亡き父親との約束を果たすため」、妻にありがとうを言い続けた男性は「家族との仲を改善するため」と、やはり目的がはっきりしていました。

つまり、「何のために」という目的さえ明確であれば、行動はあとからついてくるのです。

ですから「ダイエットが続かない」という人は、**もしかしたら本当はダイエットなんかしたくないのかもしれません。**

「周囲の友達はみんなダイエットしているし、世間一般でも女性はスリムなほうがいいと言われているから、私もやってみようかな」

こんな動機でダイエットを始めた人には、「何のためにやるのか」という目的が抜け落ちています。

このタイプの人が改めて目的を考えてみると、

「今の体型でも特に困ることはないし、ダイエットする必要なんてないのかも」という結論になる可能性が高いのです。

だったら無理にダイエットをしなくても、他のことを習慣にするという選択肢もあるのではないでしょうか。

目的がないものは決して長続きしません。

習慣を続けたいなら、「何のために？」を自分に問いかけてみることが必要です。

習慣ポイント

DAY 026

「○○のために」が、習慣を継続する大きな原動力になる

027

挫折しない秘訣④
「誰を喜ばせたいか？」を考える

「誰かのため」なら、高い壁も乗り越えられる

「秘訣3」で「何のために？」を考えましょうと話しました。

もちろん、「自分のため」でも悪くはありません。

「資格試験の勉強を習慣化して、早く合格して出世したい」

「筋トレを習慣化してスマートになり、みんなにカッコイイと言われたい」

こんなふうに、最初は「自分のため」の目的でも構いません。目的がないよりは、ずっと大きな原動力になるからです。

ただし、知っておいて欲しいことがあります。

それは、**目的が「誰かのため」なら、人間は何倍も頑張れる**ということです。

目標を達成した時に喜んでくれる人の顔がはっきり見えると、人はやる気になります。誰かに「ありがとう」と言ってもらうことが、あきらめない力になるのです。

簡単なことなら、「自分のため」でも続けることができます。

でも**高い目標を目指す時や難しいことをやり遂げる時は、「自分のため」だけでは続きません。**

自分がそれをやったことで、他の人が喜んでくれる。その喜ぶ顔を見て、自分も嬉しくなる。

これが、人間が最も頑張るモチベーションになります。

「資格試験の勉強を習慣化して専門スキルを身につけ、困っているお客様を助けたい」

「筋トレを習慣化して健康を維持し、家族の幸せのために働きたい」

こんなふうに「誰かのため」の目的が見つかれば、同じ習慣でも挫折しにくくなります。

よって何かを続けるには、「誰を喜ばせたいか」を考えてみることが大事です。

2004年夏の甲子園で駒大苫小牧高校が北海道勢初の優勝を果たし、大きなニュースになったことを覚えている人も多いのではないでしょうか。

この野球部では、脳科学にもとづくメンタルトレーニングを導入していました。

この時に行われたのが、部員たちに「何のために野球をするのか」の動機付けをすることでした。

もちろん部員たちには「試合に勝つため」「野球が上手くなるため」などの目的はありました。しかし、それはあくまで「自分のため」です。

そこでメンタルトレーニングの指導者は、このような目的を部員たちに提案しました。

「君たちが全国大会に出れば、この苫小牧の町が元気になる。そして史上初めて優勝旗が津軽海峡を渡れば、北海道全体が元気になる。それを目指そうじゃないか」

こうして**「町のため」「北海道のため」が部員たちの目的**になりました。

その結果、見事に優勝旗を北海道に持ち帰ったのです。

実は当初、部員たちも保護者や教職員たちも、「甲子園優勝なんて夢みたいな話はいいから、地区予選で勝てるようにしてください」という控えめな態度だったそうです。

ところが「地元を元気にするため」という目的が明確になった途端、部員たちはみずから「全国制覇しよう！」と言い出し、周囲もそれを応援するようになったのです。

そして部員たちは、日本一になるために必要な量と質の練習を続けました。

「自分のため」の夢だけなら、これだけハードな練習を続けることはできなかったでしょう。挫折する部員が出てもおかしくはありません。

しかし、部員たちは挫折することなく、目標を達成しました。

「自分のため」の夢は限界を早くするが、「誰かのため」の夢は限界を超える力になる。

そのことを駒大苫小牧の事例は証明しています。

もし「自分のため」の目的しか見つからないという人がいたら、**視座を上げる**努力をしてみましょう。

視座とは、物事を見る時の位置です。

視座を上げるほど、広い範囲が見えます。

ビルの1階から外を眺めた時と、ビルの10階から外を眺めた時に見える風景の違いを想像するとわかりやすいと思います。

ビルの1階から眺めた時に見えるのは、せいぜい前の通りを歩く人くらいです。でもビルの10階から眺めた時は、何ブロックも先まで見渡すことができます。

これが東京スカイツリーの展望台だったら、東京全体を見渡すことができます。

飛行機なら関東一円が見渡せるし、宇宙ステーションなら地球全体を見渡せます。

要するに、視座を上げるほど、自分が属している世界の広さを理解できるわけです。

今、「自分のため」の目的しかない人は、視座が低い状態です。だから自分自身しか目に入っていません。

でも、視座を少し上げれば、「家族」の中に自分がいることに気づきます。もう少し上げると、今度は「会社」や「学校」「チーム」の中に自分がいることに気づきます。

もう一段上げると、「町」や「地域」、「業界」など、より広い世界の中に自分がいると気づきます。

さらに上げれば「日本」、もっと上げれば「世界」の中に、自分がいると気づきます。

自分が特定のグループに属していることを認識すれば、自分が今いる場所のために何かしたいという気持ちが生まれるものです。

先ほど紹介した野球部の部員たちも、最初は自分のことしか見えていませんでした。でも視座を上げて、自分が地域の一員であることを自覚した時、「地元の人たちを喜ばせたい」という気持ちが芽生えたのです。

視座を上げるには、「私は○○です」と書き出してみることをお勧めします。「私は男です」「私は父親です」「私は△□商事の社員です」「私は東京都民です」など、20個以上を目標に、思いつく限り書き出してください。

自分が何者かを明確にすれば、自分がどこに属していて、どんな役割を担っているのかを認識できます。

それが「自分の属するグループや周囲にいる人たちのためにできることはないか」と考えるきっかけになるはずです。

習慣ポイント

DAY 027

目的が「誰かのため」なら、何倍も続きやすくなる

028

挫折しない秘訣⑤

「～しなければならない」はNG

「やりたい」「やりたくない」の感情を大切にする

習慣が続くか、続かないかは、「好き嫌い」で決まる。

第２章で、そう説明しました。

好きなものなら続くし、嫌いなものなら続かない。

脳の仕組みは非常にシンプルです。

ですから、習慣化で挫折したくないなら、ぜひ **「やりたい」か「やりたくない」かの感情を大切にしてください。**

「やりたい」と思えることなら、脳がワクワクを感じて、楽しく続けられます。

「やりたくない」と思うことなら、脳が嫌がって回避しようとします。

だから自分の「好き嫌い」の感情に素直になって、やりたいと思えることを続ければいいのです。

私たちは気づかないうちに、**「～しなければならない」**という思考に捉われています。

ダイエット中だから、甘いものは食べないようにしなければならない。

日記を書くと決めたから、毎日1ページ書かなければならない。

ランニングは毎日30分走らなければならない。

こんなふうに「～しなければならない」というルールで自分をがんじがらめにしてしまいます。

しかし、これこそが**挫折のもと**です。

「～しなければならない」と思うほど人間はストレスを感じて、無意識のうちに発散しようとします。そしてストレスを回避するため、脳が「欲を追求しろ」という信号を出します。

すると、何が起こると思いますか？

「ダイエットでストレスが溜まったから、今日くらいは思いっきり甘いものを食べちゃおう！」

こうなってしまうのです。

本当はやりたくないことを、無理に「〜しなければならない」と考えると、逆効果になってしまうということです。

習慣を続けるには、「これをやりたい」というワクワクできる夢を大事にしてください。

これは「秘訣1」で紹介した「なりたい自分を明確にする」とも重なります。

「ダイエットしたら、憧れのブランドのワンピースが着たい」

「ダイエットしたら、彼氏と海へ行って堂々と水着姿を披露したい」

このように、「やりたい」と思えることにフォーカスすれば、脳はその目標に近づくための行動をとります。

「甘いものをやめなければならない」とわざわざ考えなくても、ダイエットの邪魔になる行動は自然と避けるようになるのです。

挫折しないためには、**自分の中にある「やりたい」という感情に目を向ける**ことを忘れないでください。

習慣ポイント

DAY 028

「～しなければならない」よりも「やりたい」で考える

029

すぐに訪れる悪魔のささやき「お試し君」

自分の〝本性〟がわかるビッグチャンス

習慣を始めて1週間が経ち、2週間が経って、「そろそろ習慣化できたかな」と思った頃にやってくるものがあります。

「こんなことをして何になるの？」

「今やらなくてもいいんじゃない？」

「仕事が忙しくなってきたから、そろそろ休んだら？」

こんな**悪魔のささやき**が必ず頭をよぎるはずです。

私はこれを**「お試し君」**と呼んでいます。

お試し君の正体は、あなたの〝本性〟です。

過去の習慣の積み重ねで作り上げられた自分の〝本性〟が、「本当に理想の自分になれると思ってるの？」とあなたを試してくるのです。

でも、お試し君と出会うことは、決して無駄にはなりません。

お試し君がどんなささやきをするかで、自分が今までどのように生きてきたかがわかるからです。

「今やらなくてもいいよ」とささやくなら、これまでの自分は何でも後回しにするクセがあったということ。

「仕事が忙しいから」とささやくなら、これまでの自分は仕事の忙しさを言い訳にしてきたということ。

お試し君は、今までの自分を知るチャンスでもあるのです。

お試し君がやってきたら、ぜひ習慣を始めてからの自分を振り返ってください。

2週間も続いたなら、その間の自分の行動や思考を振り返るだけでも、大きな収穫があります。

やると決めたことを、ただ黙々と続けた人。

とりあえず習慣は続いたものの、1つ1つの行動を雑にやってきた人。

すでに3日目くらいから、「こんなことは時間の無駄だ」と思い始めていた人。

同じことを2週間続けたとしても、人によって様々なパターンがあるはずです。

この**2週間の行動や思考こそ、あなたが今まで生きてきた人生の縮図**です。

お試し君は迷惑な存在だし、時にはそのささやきに惑わされて、本当に挫折しそうになるかもしれません。

でもその時こそ、**自分の〝本性〟を知る良い機会**だと考えてみてください。

自分の現在地を知る手助けをしてくれているのだと思えば、お試し君もそれほど悪いものではないと思えるはずです。

習慣ポイント
DAY 029

「お試し君」の登場は自分の本性を知るチャンス。改めて自分を顧みるきっかけに

030

「言い訳リスト」を作りなさい

言い訳を紙に書き出し、1つずつ減らしていく

お試し君と同様、習慣を挫折するきっかけになるのが「言い訳」です。

「今日は寒いからランニングは休もう」

「昨日は飲み会で遅くなったから、早起きしなくてもいいや」

「上司に怒られたから、もうあの人には挨拶したくない」

こんなふうに**言い訳して、習慣をやめてしまう人は多い**はずです。

とはいえ、人間なら誰もが、つい言い訳したくなるものです。「人生で一度も言い訳したことがない」なんて人はいないはずです。

だから私も、「言い訳をするな」とは言いません。

「言い訳してはいけない」と考えると、「〜しなければならない」の思考パターンに陥って、余計なストレスを溜めるだけです。

その代わり、ぜひやってみてほしいことがあります。

それは**「言い訳リスト」を作る**ことです。

自分がつい口に出してしまう言い訳や、これまでの人生でしてきた言い訳を思い出して、すべて紙に書き出してください。そして、目につく場所にこのリストを貼りましょう。自分の**部屋の壁**でも、**オフィスの机の上**でも、**手帳**でも構いません。

1日に何度も目に入るところに言い訳リストを貼っておけば、「今日もこの言葉を使ってしまった」とチェックできると同時に、「明日はこの言い訳はしないぞ」と強く意識することができます。

つい言い訳を口にしてしまっても、普段から意識していればすぐ気付くので、他の人に対しても「申し訳ありません、今のは言い訳でした」「次からは言い訳しないように準備します」とその場で訂正できます。

これを繰り返すうちに、言い訳は確実に減っていくはずです。

言い訳リスト
◎上司に怒られたから、もうあの人にはあいさつしたくない
◎今日は寒いからランニングは休もう
◎昨日は飲み会で遅くなったから早起きしなくてもいいや

「もうこれは口にしない」と思えたら、**1つ1つ線を引いて消していきましょう。**

言い訳が減っていくのが目に見えて、なかなか楽しいものです。

私自身、30年近く前から言い訳リストを作っています。

最初に書き出した時は、なんと**言い訳が400個**にも上りました。いかに私が言い訳の多い人間だったか、わかっていただけると思います。

当時は会社勤めの管理職だったので、それを職場に貼り出して、部下たちに「私がこの言い訳を口にしたら、『今のは言い訳ですね』と注意してください」とお願いしました。

こうして毎日、自分の言い訳を意識するうちにその数は減っていきました。

もちろん今でも、言い訳はゼロではありません。それでも、**常に意識することで、言い訳ばかりの人生から脱出することができます。**

習慣ポイント

DAY 030

言い訳をすべて紙に書き出し、意識的に減らしていこう

031

3日坊主は悪くない！

「3日しか続かなかった」ではなく、「3日も続いた」

この章では、習慣化するための具体的なメソッドを紹介してきました。

しかし、習慣化の秘訣やポイントを押さえても、どうしても続かないこともあるでしょう。

でも、**3日坊主に終わったからといって、自分を責める必要はありません。**

1つの習慣をやってみて挫折したなら、また次の習慣を設定すればいいだけです。

続かなかったのは、単に自分に合っていなかっただけのこと。他の習慣なら、続く可能性はいくらでもあります。

それに、「3日で挫折した」という経験は、それ自体が貴重なノウハウになります。

「なぜ続かなかったのか」「今度はどうすれば続くだろうか」と分析すれば、それが次の習慣を続けるための有益なデータになります。

それをもとに新たな習慣を始めて、それが続けば、前回の挫折は失敗にはなりません。挫折も含めて、すべては良い経験となります。

続くまで何度もやり直せば、人生に「失敗」の文字はなくなるのです。

失敗があるとすれば、再チャレンジをしなくなった時です。

「3日坊主でも、またやればいい」。そう考えれば、いつでも習慣化を始めることができます。

それに、3日坊主は「3日しか続かなかった」のではありません。

「3日も続いた」のです。

これだけでも、自分を褒めてあげていいのではないでしょうか。

たとえいったんやめたとしても、また同じ習慣を「やってみよう」と思うこともあります。3日間続けて、次の2日間は休んだものの、6日目からまた再開したなら、それも立派な実績です。

もちろん、休むことなくずっと続けばベストですが、休み休みだったとしても、何もやらないよりは一歩も二歩も前に進めます。

むしろ、休みを挟みながら続けるほうが、難易度は高いはずです。

カスタネットを「打って、打って、休んで、打って、打って、休んで」とリズムをとるほうが、ずっと打ち続けるより難しいのと同じです。

休み休みでも続けることができれば、その時も遠慮なく自分を褒めてあげましょう。

それに**3日間でも続いた実績があれば、「やればできる」という自信がつきます。**

「前回のダイエットは3日間で1kg減ったから、1カ月続けば3kgは余裕で減らせるはず」と思えればしめたものです。その自信さえあれば、「今度こそ本当にダイエットしたい」という場面が訪れた時、「自分はやればできる」と思えます。

3日坊主の経験は、自分の中に習慣化のスイッチを作ってくれるのです。

だから3日坊主になることを恐れず、どんどん新しい習慣を始めてください。

習慣ポイント
DAY 031

3日坊主を恐れず、どんどんチャレンジしよう

032

「成功分岐点」を超えれば、理想の自分も近い

コツコツ続ければ、ある日、一気に伸び始める

習慣について研修やセミナーをすると、よく聞かれることがあります。

それは「どれくらい続ければ、理想の自分になれますか？」という質問です。

それに対して、私はいつもこう答えます。

「人それぞれです」

無責任なようですが、それが真実です。

習慣を続けた時間と、自分の成長度合は、決して比例しません。

始めた当初は、やってもやっても成長を実感できない時期が続くこともあります。あるいは、スタートから一定期間は手応えがあったのに、途中で成長が止まったように

感じる時期もあります。

そんな時、「お試し君」がやってきます。

「こんなことを続けても無駄だよ」

「理想の自分なんてなれないよ」

そんなことをささやくのです。

そこで本当にやめてしまえば、成長も完全に止まります。永遠に理想の自分にはなれません。

でも、「何のために」という目的が明確で、「自分がやり遂げることで、誰かを喜ばせたい」と思っている人なら、自分の成長を信じてやり続けることができます。

そしてある時、突然「自分は成長している！」と実感できる瞬間が訪れます。

これが**「成功分岐点」**と呼ばれるものです。

英語学習のエピソードで、最初はまったくネイティブの発音が聞き取れなかったのに、それでも頑張って数カ月聞き続けたら、ある時突然何を言っているかわかるようになったという話を聞いたことがないでしょうか。

これと同じ現象が、どの習慣でも起こります。

成長度合をグラフにするなら、成功分岐点から一気に**急カーブを描いて上昇していく**イメージです。この分岐点を超えれば、理想の自分に近づいている、もしくは理想の自分になれたと感じる時が遠からずやってくるでしょう。

ただし忘れないでほしいのは、成功分岐点の瞬間までは、自分の成長を実感できない時期が続くということ。

それでも努力を続けた人だけが、理想の自分になれるのです。

習慣とは、すぐに結果が出るものではありません。

それでも続ければ、あなたを確実に理想の自分に近づけてくれます。

あとは、**あなたが習慣の持つ力を信じるだけ**です。

そうすれば、なりたい自分になることも、思い描いた通りの人生を送ることもできると、私がお約束しましょう。

習慣ポイント

DAY 032

「成功分岐点」が来るまで、習慣の持つ力を信じて、続けよう

第4章

「脳の力」で、習慣を超強力にする

033

「長続きする習慣」は、こうやって作りなさい

「受信習慣」「言語習慣」「思考習慣」「行動習慣」それぞれの役割を熟知する

ここまで何度か説明してきたように、脳と習慣には強い関係性があります。

・脳が楽しいと感じることは続き、楽しく感じられないことは続かない
・脳は過去の記憶によって「快」と判断したことには接近反応を起こし、「不快」と判断したことには回避反応を起こす
・右脳で将来のイメージを描けば、左脳の過去の記憶に引きずられず、多少のことは辛抱できるので物事が長続きする

こうした脳の性質を味方につけることが、習慣化を成功させる秘訣になります。

この章では、脳と習慣の関係をさらに掘り下げ、**脳にアプローチして挫折しない強**

力な習慣を作るノウハウをご紹介しましょう。

その前に、まずは「習慣」には種類があることを知っておく必要があります。

一般に「習慣」と呼ばれているものは、正確には以下の**4つの習慣の連続**によって構成されています。

- **受信習慣**（どうインプットするか）五感からの情報を知る、聞く、感じる、見る
- ←**言語習慣**（どう言語化するか）インプットから得たイメージを言語に置き換える
- ←**思考習慣**（どう考えるか）言語をもとに考える
- ←**行動習慣**（どう行動するか）思考を行動に移す

さらに「思考習慣」の中には、**「確信習慣」**（確信できるか、できないか）、**「錯覚習慣」**（良い思い込みか、悪い思い込みか）が含まれます。

多くの人が「習慣」と呼んでいるものは、４つのうちの「行動習慣」に該当します。早起きをする、靴を揃える、日記をつけるといった習慣は、すべて「どう行動するか」です。

でも実は、行動となって現れる前に、「どうインプットするか」「どう言語化するか」「どう考えるか」というプロセスを経ているのです。

よって、**「行動習慣」を変えるには、その前に「受信習慣」「言語習慣」「思考習慣」を変える必要があります。**

さらには、「錯覚習慣」で思い込みの力を利用し、**「自分はできる！」という「確信習慣」を身につけることで、強力な「行動習慣」を作り上げることができます。**

これらの習慣を意識しなければ、行動習慣も長続きせず、挫折しやすくなるということです。

もちろん、「行動習慣から変える」という方法もあります。第３章で紹介した「まずは小さな習慣から始める」というのは、このやり方です。

習慣ポイント

DAY 033

「行動習慣」を変える前に、「受信習慣」「言語習慣」「思考習慣」を変えよう

ただしその場合も、

「行動したことによって、何を見聞きしたり感じたりしたか」（**受信習慣**）、

「行動を通してインプットしたことを、どのように頭の中で言語化したり、どんな言葉として口に出すか」（**言語習慣**）、

「行動した結果、考え方がどう変わったか」（**思考習慣**）

というプロセスを辿らないと、いったん始めた行動を長続きさせることはできません。


そして、どのように「受信習慣」「言語習慣」「思考習慣」を作り上げるかは、脳の性質が大きく関わってきます。

まずはそのことをしっかりと理解してください。

034

習慣化のカギは、「脳のスピード」にあった！

「受信」から「思考」まで、わずか0・5秒

先ほど私は、「受信習慣」↓「言語習慣」↓「思考習慣」というプロセスを辿ると説明しました。

では、受信してから思考ができ上がるまで、どれくらい時間がかかると思いますか？

なんと、わずか0・5秒です。

五感からの情報を受信すると、**0・1秒後に脳の大脳新皮質《だいのうしんひしつ》に到達**します。ここは「知性脳」と呼ばれ、物事を認知する役割を担います。第3章で説明した「右脳・左脳」も、この部分にあります。

例えば外で雨が降ってきたら、パラパラという音が脳にインプットされ、瞬時に「雨

習慣ポイント

DAY 034

脳は0・5秒で好き嫌いを決める

が降ってきた」と認知します。

次に、認知した結果が脳の大脳辺縁系《だいのうへんえんけい》に届きます。

ここは「感情脳」と呼ばれ、喜怒哀楽を判断する役割を担います。第2章で説明した「扁桃核《へんとうかく》」も、ここにあります。

感情脳は0・4秒で過去の記憶を検索して、インプットにどのような意味があるのかを判断します。そして受信から0・5秒後には扁桃核が「快・不快」を判断し、好き嫌いの思考ができ上がります。

雨を認知した場合なら、過去にズブ濡れになった記憶から判断して、「雨は冷たくて、うっとうしいから嫌い」と考えるわけです。

つまり私たちの脳は、**「0・1秒で認知し、0・4秒でデータを照合し、0・5秒で結論を出す」**という驚異的なスピードで思考を作り出していることになります。

035

人間の脳は瞬時に「マイナス思考」を完成させる

マイナス思考に蝕まれた人間を待ち受けるのは「挫折」

ここで、大きな問題があります。

それは、検索される過去の記憶には、プラスよりマイナスのデータが多く蓄積されているということです。

第2章で解説した通り、人間の脳はマイナスの感情ほど記憶しやすいという性質があります。よって**扁桃核が「快・不快」を判断する時も、マイナスの記憶ばかり検索してしまいます。**

例えるなら、私たちの脳の中に巨大なタンスがあって、上の引き出しにはマイナスの記憶が、下の引き出しにはプラスの記憶がしまってあるとイメージしてください。

習慣ポイント

DAY 035

無意識に行動していれば、自然とマイナス思考に陥りやすくなってしまう

マイナスの記憶はプラスの記憶より圧倒的に多いので、上から順に引き出しを開けて行くとマイナスの記憶ばかり出てきて、下のほうにあるプラスの記憶にはなかなか辿り着けません。だから過去の記憶を検索する時も、マイナスの記憶を大量に引っ張り出すことになります。その結果、**扁桃核はほとんどの場合に「不快」と判断し、「できない」「無理だ」というマイナス思考が生まれます。**

しかも、マイナス思考が完成するまでの時間は0・5秒。ほんの一瞬です。だから**何も意識せずにいると、私たちはマイナス思考を止めることができません。**

マイナス思考をもとに行動しても、物事をやり遂げることはできません。「自分にはできない」と考える人は、できないように行動してしまうからです。

習慣が挫折しやすい原因は、人間の脳が後ろ向きな思考を生み出し続けていることにあるのです。

036

「ポジティブな出力」を増やして、脳をプラスに強化する

脳は「入力」より、「出力」を信じる

では、私たちは思考や行動をプラスに変えることはできないのでしょうか。

もちろん、そんなことはありません。

脳のもう1つの性質を利用すれば、それが可能になります。

その性質とは、**脳は「入力」より「出力」を信じる**ということです。

脳に思いやイメージを「入力」すると、言葉や動作、表情となって「出力」されます。「自分にはできない」「やりたくない」というネガティブな思いを「入力」すれば、「どうせ無理」「もうダメだ」といった言葉や下を向く動作、シュンとした暗い表情と

なって「出力」されるわけです。

マイナス思考は止められないので、ネガティブな「入力」をしてしまうのは仕方ありません。

ただし、私たちにもできることがあります。

それは、**「出力」を変えること**です。

思考は変えられなくても、**言葉や動作、表情は変えられます。**

あなたが上司から難しい仕事を与えられたとしましょう。

その時、瞬間的に「自分には無理」と思ってしまうのはしょうがないと割り切ってください。

その代わり、思いをそのまま言葉に出すのではなく、嘘でもいいから**「はい、やってみます」**と言うことはできるはずです。

先ほど話した通り、脳は「入力」より「出力」を信じます。

だから「自分には無理」という思いより、「やってみる」という言葉を素直に信じるのです。そして過去のデータから、「やってみる」につながる記憶を何としてでも探し出します。

習慣ポイント

DAY 036

嘘でもいいから「はい、やってみます」と言ってみる

「同じような仕事をやり遂げたことがある」「こんな方法で目標を達成したことがある」といったデータが見つかれば、難しい仕事でも「やってみよう」と思えます。

しかも**脳は、「入力」と「出力」のサイクルで強化される仕組みになっています。**

たとえマイナスの情報が入力されても、出力の段階でプラスに切り替えれば、「出力↓入力↓出力」を繰り返しながら、脳はプラスに強化されます。

だから言葉や動作、表情をプラスに変えて、それを繰り返せば、どんな場面でも「自分はできる！」「もっとやってみたい」と思える脳へと変わっていくのです。

「受信習慣」とは、単に「何をインプットするか」だけではありません。

「入力した後に、それをどう出力するか」までが、受信習慣です。

良い習慣を身につけたいなら、まずは脳の入力と出力の関係を使って、受信習慣を変えることから始めましょう。

037

「決め言葉」を作り、瞬時に出力する

0・2秒でアクションして、脳にマイナスの記憶を検索させない

出力を変えるために、心がけて欲しいことがあります。

それは、**瞬時に出力する**ことです。

上司に仕事を頼まれた場合なら、即座に「はい、やってみます」と答えてください。

「どう答えようかな」などと考えてはいけません。

なぜなら、0・5秒経つと、マイナス思考が完成してしまうからです。

前述の通り、脳は0・1秒で情報を認知し、0・4秒で好き嫌いを判断します。

つまり、**0・1秒を超えると、過去のマイナスの記憶を検索する作業に入ってしまう**のです。

よって重要なのは、その前に「はい、やってみます」と言葉にすること。

入力から0・2秒で出力すれば、脳に過去の記憶を検索する暇を与えません。

つまり**「言語習慣」を変えれば、結果的に「受信習慣」も変わる**のです。


とはいえ、何も意識していないと、0・2秒で出力することは難しいでしょう。

そこでお勧めなのが、**「決め言葉」を作る**ことです。

あらかじめ、どんな言葉を口に出すか決めておけば、瞬時に出力できます。

先ほど例に挙げた「はい、やってみます」は、お勧めの決め言葉です。

上司に仕事を頼まれたら、「はい、やってみます」。

チームリーダーに指名されたら、「はい、やってみます」。

授業で「誰かこの問題を解ける?」と言われたら、「はい、やってみます」。

このように、どんな場面でも使える万能ワードです。

ポイントは、「できます」ではなく、あくまでも「やってみます」という言い方をすること。「やってみる=チャレンジする」という意味なので、途中でわからないことが出てきたり、一人でできないことがあっても、嘘をついたことにはなりません。その場合は、上司に仕事のやり方を教えてもらったり、チームメンバーに協力を求めたりすればいいだけです。

それに、あなたが誰かに仕事を頼んだ時、すぐに「はい、やってみます」という人と、「無理です」という人がいたら、どちらに好感を持つでしょうか。

間違いなく、前者でしょう。

「はい、やってみます」は、あなたの評価を高め、誰からも可愛がられる人間にしてくれるスペシャルワードでもあるのです。

もちろん、それ以外の言葉でも構いません。

「チャンス!」「ラッキー」「私の出番だ」など、自分が元気の出る言葉なら何でも構いません。

それらを決め言葉にすれば、脳は素直に「チャンスが来た」「これは幸運なのだ」「出番が来た!」と信じてくれます。

うっかりネガティブワードを口にしてしまった時は、すぐに**「だからこそ」**と続けましょう。

「そんな難しい仕事、無理です。……だからこそ、私がやってみます!」

これで瞬時にプラスの出力へ転換できます。

決め言葉を作るために、**「ログセシート」**を作るのもお勧めです。

「朝起きた時は、まずこの言葉」「仕事を始める前に、この言葉」「帰宅したら、この言葉」「寝る前には、この言葉」など、1日の中の様々な場面を想定して、「どんな言葉を口に出すか」を紙に書き出します。

こうして**使う言葉を決めて、実際に毎日口に出すことで、脳はどんどんプラスの方向へ洗脳されます。**

あらかじめ言葉を決めて、即座に口に出す。

これが受信習慣を変える秘訣です。

習慣ポイント

DAY 037

「決め言葉」を毎日口に出すことで、脳はどんどんプラスの方向へ洗脳される

038

言葉を変換して、「快・不快」を入れ替える

「勉強」→「向上」、「ケーキ」→「脂肪の塊」に

もう1つ、言語習慣によって受信習慣を変える方法があります。

それは、言葉の意味を変えることです。

扁桃核が「快」と判断したことには「接近反応」を起こし、「不快」と判断したことには「回避反応」を取ることはすでに説明しました。

つまり、続けたいのに続かない習慣は脳が「回避反応」を起こしている状態で、やめたいのにやめられない習慣は脳が接近反応を起こしている状態です。

ということは、**「回避反応」と「接近反応」が入れ替われば、続けたい習慣は続き、やめたい習慣はやめられる**ことになります。

それを可能にするのが、**言葉の意味を変える**という方法です。

例えば、「勉強」という言葉を入力すると、脳が過去の記憶から「勉強はつらい」というデータを引き出し、「勉強は不快」と判断する人がいたとします。

だったら、使う言葉を**「勉強」から「向上」に変えたらどうでしょうか。**

勉強が嫌いでも、向上するのが嫌という人はあまりいないはずです。

よって、「今から勉強する」ではなく、「今から**向上**する」と口に出せば、脳が「接近反応」を起こして勉強をやる気になります。

反対に、「ケーキ」という言葉を入力すると、脳が過去の記憶から「ケーキはおいしい」というデータを引き出し、「ケーキは快」と判断する人がいたとします。

でも、この人がダイエットしたいと考えていたら、ケーキに接近するのは避けなくてはいけません。

であれば、使う言葉を「ケーキ」から**「脂肪の塊」**に変えてみてください。

ケーキは好きでも、脂肪の塊が好きという人はいないでしょう。

よって、「今から私はケーキを食べる」ではなく、「今から私は脂肪の塊を食べる」

と口に出せば、脳が「回避反応」を起こして甘いものを控えることができます。

このように、**言葉の意味を変えれば、脳は素直にだまされてくれます。**

自分が「回避反応」と「接近反応」を入れ替えたいと思っていることがあったら、うまく別の言葉に置き換えてみましょう。

習慣ポイント

DAY 038

「今から勉強する」ではなく、「今から向上する」と言ってみる

039

「決めポーズ」や「作り笑顔」でプラスを強化する

「ガッツポーズ」「口角を上げる」で、脳をだませ

言葉だけでなく、動作や表情も出力です。

よって、動作や表情をプラスに変えることも、良い受信習慣を作ることにつながります。

決め言葉と同じように、**「決めポーズ」を作る**のは効果的です。

例えばガッツポーズは、とても良い決めポーズです。

あなたも試しに、ガッツポーズをしてみてください。

こぶしをグッと握ったまま、「自分には無理」「私じゃダメだ」とは考えられないはずです。

握りこぶしを作って力を入れると、自然と「やった！」「よし、やってみよう！」という言葉が頭に浮かんだり、口から出たりするはずです。

だから**何かあったら、とにかくガッツポーズをすると決めておけば、脳もその出力を信じてプラス思考が完成します。**

スポーツ選手が、試合中にたびたびガッツポーズをするのは、脳の仕組みからいえば理にかなっているのです。

逆に、うなだれたり、頭を抱えたりすると、マイナスの出力になります。

これらのポーズをとった瞬間、脳は「もうダメだ」「自分には無理」と信じ込んでしまいます。

2018年のサッカーワールドカップで日本はベルギーと対戦し、2点を先取したものの、試合終了間際に連続で3点を取られて大逆転負けを喫しました。

ベルギーに1点目を取られた時点では、日本の選手たちは拍手をしたり、お互いの肩を叩きあったりして、「まだまだいける」とプラスの出力をしていました。

ところが2点目を取られた時、選手の大半がうなだれたり、頭を抱えたりといったマイナスの出力をしてしまったのです。

その結果、選手たちの動きは明らかに鈍くなり、プレーも消極的になったのが見て取れました。そして最後は3点目を取られて逆転を許す結果となったと考えられます。2点目を取られた時も、拍手をしたり、ガッツポーズをしたりしていれば、脳は「まだまだいける」と信じ込んだはずです。

大事なことは、**物事がうまくいってもいかなくても、脳をプラスに導く決めポーズをする**こと。それによって、常にプラス思考を生み出すことができます。

メジャーリーガーのイチロー選手は、バッターボックスに入る時にいつも同じ動作をしますが、あれは彼ならではの決めポーズです。

野球はどんなに優秀な選手でも、10回のうち7回は失敗するスポーツです。たとえ3割バッターでも、ヒットを打つより、三振やゴロに倒れることのほうが圧倒的に多くなります。

しかしイチロー選手は、ヒットを打っても三振しても、次の打席では必ず同じ決めポーズを繰り返します。

前の打席で三振に倒れたとしても、ヒットを打った時とまったく同じポーズを取るので、脳は「きっと前の打席でヒットを打ったんだな」と思い込んでくれます。そして「今度も打てる！」というプラス思考が生まれるのです。

会社で働いている人なら、「トイレ休憩のたびに、小さくガッツポーズをする」といった決めポーズを作りましょう。

席に戻ったら、常に全力で仕事に取り組めるはずです。

もう1つの**表情**も、プラスの出力をするように心がけましょう。

やるべきことは簡単。常に**口角を上げていればいい**のです。

口角が上がるのは、いいことがあった時です。

「嬉しい」「楽しい」「おいしい」といった感情を抱いた時、人間は自然と口角が上がって笑顔になります。

だから楽しいことがなくても、**意識して口角を上げれば、脳は「何かいいことがあったんだな」と思い込む**のです。

表情筋と脳は直結しているので、作り笑顔でも脳は素直にだまされてくれます。

つらい時やつまらない時こそ、口角をキュッと上げて、脳をプラス思考へ導く習慣をつけてください。

習慣ポイント

DAY 039

何かあったら、とにかく「ガッツポーズ」と「笑顔」

040

出力をプラスに変えるとっておきの方法

「喜・楽・幸」トレーニングで、「当たり前」が「有り難い」に変わる

受信習慣を変えなさいと言われても、最初のうちはどうしても過去のマイナスのデータに引きずられてしまい、なかなか言葉や動作が変えられない人もいるでしょう。

そんな人に、出力をプラスにするお勧めの方法があります。

それは、**毎日の中で感じた喜びや楽しさ、幸福感を書き出す**ことです。

書くという動作も出力なので、毎日続ければ出力強化のトレーニングになります。

具体的には、一日を振り返って、**「通勤途中の喜び」「職場の楽しさ」「家庭の幸せ」**の3つをノートに書き出してください。

どんなに小さくてささやかなことでも構いません。

日常の中にある「良かったこと」に目を向けてみると、例えばこんなことが書けるのではないでしょうか。

「通勤途中の喜び」

・電車が時間通りに来てくれた
・駅のホームが清潔に掃除されていて、気持ちよかった
・会社まで歩く途中にきれいな花が咲いていた

「職場の楽しさ」

・今日もチーム全員が元気に出社してくれた
・出張土産を持って行ったら、みんなに喜ばれた
・誰かが自分のデスクをきれいに拭いてくれた

「家庭の幸せ」

・帰ったらお風呂がわいていた

・夕飯が自分の好物だった
・子どもの寝顔がかわいかった

いかがでしょうか。

「今日は何もいいことがなかった」と思う日でも、改めて振り返ってみると、喜びや幸せがたくさんあったことに気づくはずです。

そして、**毎日書き続ければ、どんなことにもプラスの面を見出す力が磨かれます。**


このトレーニングを続けるメリットは、「この世に当たり前のことなど何一つない」と理解できることです。

今までは「電車が時間通りに来るのは当たり前」「駅が清潔なのは当たり前」と思っていた人も、「電車が時間通りに来るのは、事故やトラブルがなかったからだ」「駅が清潔なのは、掃除してくれる人がいるからだ」と気づきます。

「部下が会社に来るのは当たり前」「帰ったら夕飯ができているのが当たり前」と思っていた人も、「誰も病気や事故で休まなくてよかった」「夕飯を用意してくれてありがたい」と感謝できるようになります。

つまり、これまで当たり前だと思っていたことが、実はどんなに幸せなことかを実感できるのです。

そして、**脳にプラスの情報が入力されます。**

ついマイナスの言葉や動作をしてしまう人も、「プラスの出力↓プラスの入力」のサイクルを継続することで、受信習慣を確実に変えることができるでしょう。

習慣ポイント

DAY 040

「通勤途中の喜び」「職場の楽しさ」「家庭の幸せ」を毎日書き出してみよう

041

脳からマイナスが消える！「クリアリング」

寝る前10分に行えば、翌朝良いスタートを切ることができる

プラスの出力を心がけていても、「今日はやる気がしない」「イライラして笑顔なんか作れない」という日はあるでしょう。

人間ですから、マイナスの感情に引っ張られてしまう時があるのは仕方ありません。

大事なのは、それを次の日に持ち越さないことです。

そこでお勧めしたいのが、**「クリアリング」**です。

これは名前の通り、今日の感情をいったんクリアするためのもの。悩みや落ち込みで脳がザワザワしたままにするのではなく、その日のうちに脳をスッキリさせましょうということです。

名称は専門的ですが、やることはとてもシンプルです。

寝る前に、次の3つを書き出すだけです。

(1) 今日の良かった点

(2) 今日の改善すべき点

(3) 翌日の対策と決意

3つめの「翌日の対策と決意」は、「〜したい」ではなく「〜する」と断定的に書いてください。

これにより、良かった点に目を向けると同時に、悪かった点をどう改善すればいいかを考える習慣がつきます。

「今日はうまくいかなかった」と反省するだけで終わると、「だから自分はダメなのだ」というマイナス思考に陥ります。

でも、「どのように改善すればいいのか」がわかれば、「明日はこうする」という決意を言葉にしてプラスの出力ができます。

受信習慣を変えるには、**「反省」ではなく「分析」が必要**なのです。

ここでのポイントは、**マイナスの感情の時ほど「良かった点」をたくさん書き、プ**

ラスの感情の時ほど「改善すべき点」をたくさん書くこと。

スポーツ選手なら、「大事な場面でエラーをしてしまった」という日こそ、良かった点を多く探すことが大事です。意識して良かった点を探さない限り、エラーをしたという過去の記憶に支配されたままになってしまいます。

「エラーをしたのは、足が動かなかったからだ」と改善すべき点を明確にし、「明日はチームメイトより早く会場入りして、時間をかけて足のストレッチをする」といった対策と決意を書き出せば、翌日は前向きな行動ができます。

逆に**「自分の活躍で試合に勝った」という日は、できるだけ改善点を多く書くようにしてください。**

たとえ試合に勝っても、より良いプレーをするためにできることはあるはずです。それを考えることなく、「今日は勝って良かった」で終わってしまうと、明日はエラーやミスをするかもしれません。

過去の記憶に左右されず、安定した毎日を送るためには、どんな一日だったとしても、良かった点と改善すべき点の両方を考えることが重要です。

なお、この**クリアリングは必ず寝る前に行いましょう。**

なぜなら、就寝前の10分間は脳のゴールデンタイムだからです。

私たちの脳は、寝ている間に一日の記憶をビデオテープのように巻き戻し、翌朝目覚めたら再生を始めます。

だから、嫌な気持ちのまま寝てしまうと、また次の日もまた嫌な気持ちでスタートすることになってしまうのです。

でも寝る前に「明日は誰よりも早く会場入りしてストレッチをする」と書けば、翌朝起きたらすぐに「誰よりも早く会場入りしてストレッチをする！」と思えるし、実際にその通りに行動できます。

ぜひあなたも、気持ちがモヤモヤする日こそ、寝る前の10分間でクリアリングをしてみてください。

プラスの出力を繰り返すうちに、受信習慣が変わっていくのを実感できるはずです

習慣ポイント

DAY 041

ダメだった日ほど良い点を、良かった日ほど課題を見つけよう

042

「脳のワクワク」を高めれば、習慣はもっと強固になる

心からワクワクするような、未来の夢を描く

習慣が続くか続かないかは、脳の「好き嫌い」で決まる。
そのことを、本書でも繰り返し説明してきました。
脳が楽しいと感じることは続き、楽しく感じられないことは続かない。
だったら、脳がワクワクする思考習慣を作ってしまいましょう。

脳をワクワクさせるのは、簡単です。
ワクワクするような未来の夢を思い描けばいいのです。
第3章で話した通り、左脳の過去の記憶に支配されないためには、右脳で未来のイ

メージを描くことが必要です。

人間の脳は放っておくと過去のマイナスの記憶を検索して、「できるはずがない」「これ以上は無理だ」と自分の限界を決めてしまいます。

つまり、過去の経験が作り上げた否定的な思考習慣が、次のステップである行動習慣にブレーキをかけてしまうのです。

でも、**ワクワクするような未来をイメージできれば、脳のブレーキは外れます。**

ところが残念なことに、最近は若い世代でも「特に夢なんてありません」という人が増えています。それどころか「夢を語るなんてカッコ悪い」と考える人もいるようです。

しかし、それは脳にとって最も悪い思考習慣です。

「今はまだ夢が見つからない」というなら問題ありません。誰にでも、自分がやりたいことや欲しいものがわからない時期があって当然です。

良くないのは、夢を探そうとしないことです。

探すことを諦めてしまったら、脳をワクワクさせることは一生できません。

もしあなたが今、夢がみつかっていないなら、ぜひ**イメージトレーニング**をしてみてください。

トレーニングといっても、難しいものではありません。

次の手順で、自分の未来を思い描くだけです。

ポイントは、「〜かも」から入ること。

最初から「絶対にやってみたい」「自分ならできる」と思えなくても構いません。

「やってみたいかも」「こんなことができたらすごいかも」とイメージするところから始めれば、それほど難しくないはずです。

（1）なりたい理想の自分像を思い描く

「こんなことができたらすごいかも」「こんなチャレンジをしたらカッコイイかも」と思うことをイメージしてください。

例：「営業成績でチームトップになれたらすごいかも」

（2）理想の自分になっている状態を具体的にイメージする

「これができたら楽しいかも」「こんな結果が出せたら嬉しいかも」と思うことをイ

メージしてください。

例：「営業トップになって、職場のみんなから注目されたり、後輩たちから尊敬されたりしたら嬉しいかも」

（3）他人を喜ばせている様子をイメージする

理想の自分になったら、**誰がどんなふうに喜んでくれるか**を想像してください。

例：「営業トップになったら、課長が『チームの売り上げが伸び悩んでいたから、君が断トツの成績を上げてくれて助かったよ』と喜んでくれるだろう」

（4）理想の自分に到達するまでの問題点をイメージする

理想の自分になるために、**クリアすべき課題や問題点**をイメージしてください。

ただし、脳が過去の記憶と照合して「このままでは無理だ」というマイナス思考が生まれやすくなるので、この段階からは「〜かも」ではなく「必ずできる」「できて当然」というイメージに切り替えてください。

例：「営業トップになるには、新規顧客をあと10件開拓しなくてはいけないが、自分なら必ずできる」

（5）理想の自分になって喜んでいる自分を強くイメージする

この段階では「理想の自分になれたらいいな」ではなく「理想の自分になった」という前提で、**喜んでいる自分**を強くイメージしてください。

例：「営業トップになって、社内表彰もされたし、家族にそのことを報告できて本当に嬉しい！」

このように、最初は「〜かも」から始めて、**（4）の段階に来たら「できて当然」という強いイメージに切り変える**よう意識してください。

そのうちに、まるで本当に自分が夢を達成したかのような気持ちになり、ワクワクし始めるはずです。

せっかくなら言語習慣も組み合わせて、「私は1年後、チームで営業トップになっています」と口に出して言い切ってみましょう。

「まだそうなってもいないことを言うなんて」とためらう必要はありません。

もし「私は今、チームで営業トップになっています」と言ったなら、それは嘘つきになります。

でも「私は1年後、チームで営業トップになっています」なら、そうなる可能性はゼロではないので、現時点では嘘を言ったことになりません。

それに夢を口に出したところで、誰かを傷つけるわけではありません。

だったら堂々と、自分に対して大ボラを吹こうじゃないですか。

脳は素直ですから、その大ボラを信じて、その夢を叶えるために行動するようになります。

思考習慣を変えたいなら、「かも」を「ホラ」に変えて「未来のワクワク」を作りましょう。

習慣ポイント

DAY 042

ワクワクするような未来をイメージして、脳のブレーキを外そう

043

「未来年表」や「未来日記」でさらにワクワクを高める

一流アスリートも実践する「未来の視覚化」

「未来のワクワク」をさらに高めるには、未来の自分の姿を紙に書き出してみるのも良い方法です。

「こうなれたらいいな」と思うだけでは、夢は実現しません。

過去の記憶に引きずられないためには、「この夢は本当に叶う」と信じることが必要です。

そのためには、未来を紙に書き出して視覚化し、夢を実現する自分の姿を具体的にイメージするのが効果的な方法です。

「未来年表」の作成は、その方法の一つです。

「こうなれたらいいな」と思うことを書き出し、未来から現在まで年代別に並べます。「2025年　カフェを開く」「2023年　本場のカフェで修行するためフランスへ留学」「2021年　憧れの有名カフェに転職する」「2020年　フランス語の学校に通い始める」「2019年　今働いているカフェで店長になる」……というように、未来年表を作ってみましょう。

未来の自分がどうなっていくかを**年代順に書き出して視覚化**すると、イメージはより強固になります。

最初は「こうなれたらいいな」と思うだけだったのが、自分の未来を具体的に思い描けるようになり、「この夢は本当に叶う」と信じられるようになるのです。

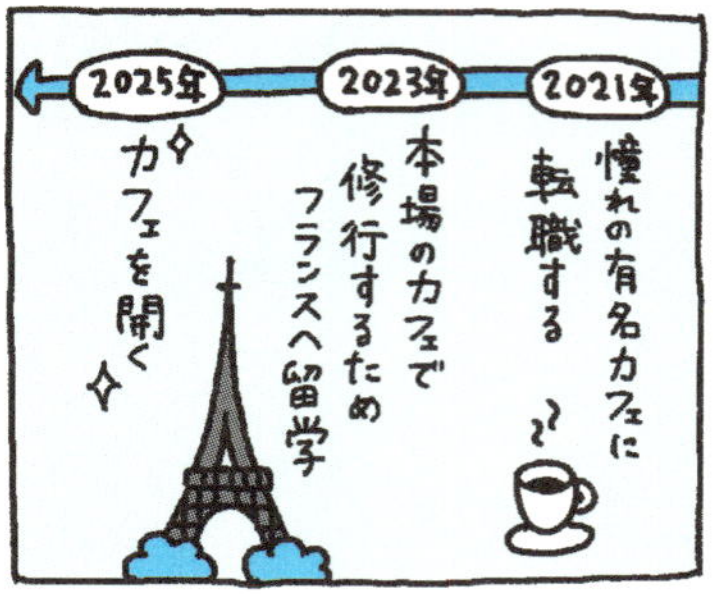

「未来日記」もお勧めです。

これは、理想の自分になれた日のことをイメージして、その日の日記を書くというものです。

未来日記は、多くのアスリートたちが実践しています。

4年後のオリンピックで優勝を目指している選手なら、試合当日のことを想像して、どんなことが起こるかを詳細に書き出します。

「2020年、東京で開かれたこのオリンピックで、自分はついに優勝することができました。表彰台の中央に立ち、日の丸が上がっていく様子を見た時は、本当に感激しました。これも、いつも応援してくださるファンの皆様や、今まで支えてくれたコーチや仲間、家族のおかげです。今日という日を迎えられた自分は、本当に幸せです」

このように、まるで優勝した日の夜に書くような文章を、本番の4年前に書いておくのです。

その**日記は、自宅に貼り出すなり、コピーして持ち歩くなりして、常に自分の目に入るようにします。**

それを見るたびに優勝した自分を強くイメージできるので、「自分ならできる」と信じることができます。優勝できると信じられるから、4年間の厳しい練習にも耐えることができます。

だから本当に、その夢を叶えることが可能になるのです。

２０１２年のロンドンオリンピックで金メダルを獲得したボクシングの村田諒太選手も、未来日記を自宅の冷蔵庫に貼っていたそうです。

「金メダルを取りました。ありがとうございます」

まだ日本代表にもなっていない頃から、オリンピックで優勝した前提の言葉を自分の脳に入力していたのです。

それを書いたのは村田選手本人ではなく夫人だったと聞きましたが、**常に村田選手の目に入る冷蔵庫に貼ったことで、本人の脳にそのイメージを強く焼き付けることができたのでしょう。**

自分の未来を書き出して、視覚化する。

これが「未来のワクワク」を高めるための秘訣です。

習慣ポイント

DAY 043

理想的な未来をビジュアル化して、イメージを脳に焼き付けよう

044

「夢を語り合える友人」を持つ

プラスの出力に対して、プラスの出力で返してくれる人と付き合う

もう1つ、「未来のワクワク」を強化する方法を教えましょう。

それは、夢を肯定的に語り合える友人を持つことです。

自分が未来の夢を語った時に、**「素晴らしいね！」「君ならできるよ」という肯定的な言葉を返してくれる友人がいれば、脳はプラスに強化されます。**

プラスの出力に対して、プラスの出力で返してくれる。

そんな友人がいれば、ワクワクは何倍にも高まります。

ところが、自分がプラスの出力をしても、マイナスの出力で返してくる相手だったら、どうなるでしょうか。

習慣ポイント

DAY 044

「プラスの出力」に「プラス」で返してくれる友人を大切にしよう

夢を語っても、「それは無理でしょ」「難しいんじゃない？」という否定的な言葉が返ってきたら、せっかくのプラスの出力をマイナスの出力が打ち消してしまいます。

よく居酒屋で愚痴を言い合っているサラリーマンがいますが、あれはお互いにマイナスの出力をし合っているようなもの。そこにいる全員が否定的な思考習慣に陥ってしまうので、何ひとついいことはありません。

人間がやる気を失うのは簡単です。「大変」「難しい」「できない」「最悪」「どうせ無理」などの言葉を語り合う友人がいたら、あなたの未来へのモチベーションは一瞬で失われます。

逆に、**プラスの言葉を返してくれる友人がいれば、やる気は高まります。**

「簡単だ」「できる」「素晴らしい」「ついてる」「いける」といった言葉を返してくれる友人がいたら、その人とのコミュニケーションを大事にしましょう。

045

「過去のワクワク」や「憧れの人」を探す

どうしても未来をイメージできないときの対処法

ここまで、未来の夢をイメージしてワクワクを高める方法を紹介しました。

ただ、「どうしても夢が思いつかない」「夢を描けと言われるとプレッシャーを感じてしまう」という人もいるかもしれません。

でも大丈夫。そんな人のために、良い方法があります。

それは**「過去のワクワク」を思い出してみる**ことです。

未来にワクワクできない人でも、過去に思い描いていた夢や、子どもの頃に好きだったことや楽しかった経験があるはずです。

それを思いつく限り、紙に書き出してみてください。

どんなに昔のことでも、どんなに小さなことでも構いません。

「小学生の頃、かけっこで1番になって嬉しかった」

「子どもの頃はサッカー選手になりたかった」

「初めてピアノの発表会に出た時は楽しかった」

こんな感じで十分です。

そして、自分にこう問いかけてみてください。

「もし過去のワクワクしていた時の自分が今の自分に会ったら、なんて言ってくれると思う？」

その答えを考えてみましょう。

すると「僕が1番になれたんだから、君も会社で1番になれるよ」「あんなにサッカーの練習を頑張れたんだから、今の仕事でももっと頑張れるよ」といった肯定的な言葉が思い浮かぶのではないでしょうか。

少なくとも「君は何をやってもダメだね」といった否定的な言葉は、あまり出てこないと思います。

過去にワクワクできたのだから、未来もきっとワクワクできる。

そう思えるようになるのではないでしょうか。

今すぐ未来をイメージするのが難しくても、「自分にはワクワクする力がある」ということを思い出せれば、慌てなくてもそのうち未来の夢をイメージできるようになります。


ワクワク探しのきっかけは、他にもあります。

それは、**憧れの人を見つける**ことです。

「自分はこうなりたい」というイメージが浮かばないなら、「あの人みたいになりたい」という憧れから入ってみましょう。

憧れが、未来の自分をイメージする手助けをしてくれます。

こちらも紙に書き出して、可視化するのがお勧めです。

「カッコいい」「素敵だな」「尊敬できる」と思える人を、できるだけたくさん書き出してみましょう。

そのなかで最も好感や尊敬を抱ける人を一人ピックアップして、「もしその人が自分にエールを送ってくれるとしたら、何を言ってくれると思う?」と自分に問いかけてみてください。

きっと「あなたも私みたいになれるよ」「君も頑張って」といった言葉をかけてくれる姿を想像できるのではないでしょうか。

どうしても未来の夢をイメージできない人は、ワクワク探しの入り口として、こんな方法もあることを知っておいてください。

習慣ポイント

DAY 045

「過去のワクワク」や「憧れの人」が、ワクワク探しのきっかけになる

046

脳をだまして「確信習慣」を作る

脳にプラスの問いかけをする

ここまで読んでくださった人は、もうお気づきかと思います。

人間の脳が、いかにだまされやすいかということに。

何しろ脳は真実と嘘の区別がつかないのですから、致し方ありません。

しかし、これは習慣を身につけたい人間にとっては、とてもラッキーです。

人間の脳は、「できる」と思ったことは全部できるようになっています。

どんなに難しいことでも、脳は素直にだまされて「自分はできるに決まっている」と確信するのです。この「確信習慣」を作れば、誰もが夢を実現し、成功することができます。

では、確信習慣を作るにはどうすればいいか。

それは、脳に問いかけをすることです。

脳はすべての問いかけに答える仕組みになっています。

しかも、プラスの問いかけをすればプラスの回答を、マイナスの問いかけをすればマイナスの回答をするようになっています。

あなたが「なぜ自分はいつもできないのか？」と脳に問いかけたとします。

すると脳は、できない理由を探します。

あなたが「どうすればできるのか？」と脳に問いかけたとします。

すると脳は、できる方法を探します。

だから後者の問いかけをすれば、脳はできる方法を教えてくれるのです。

そして本人も、「自分にはできるに決まっている」と確信できるようになります。

あなたが「なぜ自分はバカなんだろう？」と脳に問いかけたとします。

すると脳は、バカである理由を探します。

あなたが「なぜ自分は天才なんだろう？」と脳に問いかけたとします。

すると脳は、天才である理由を探します。

だから後者の問いかけをすれば、脳は天才になる方法を教えてくれるのです。

そして本人も、「自分は天才に決まっている」と確信できるようになります。

いかがでしょうか。

仕組みを知ってしまえば、脳をだますのはとても簡単だとわかるはずです。

「自分はできる」「自分は天才だ」という答えを導き出すような問いかけを繰り返せば、本当にその通りの自分になれるのです。

成功している人は、例外なく「自分はできる」と確信しています。

松下幸之助にしろ、本田宗一郎にしろ、ビル・ゲイツやスティーブ・ジョブズにしろ、世の中の99％の人ができないと思ったことをできるようにしてきました。それは、この人たちが成功を確信する習慣があったからです。

自分の脳は自分のものですから、遠慮なくだましてあげましょう。

習慣ポイント
DAY 046

「なぜ自分はできるんだろう？」とプラスの問いかけをしよう

047

「悪徳錯覚習慣」を「良徳錯覚習慣」に変える

強い弱いも得手不得手も、すべて思い込み

脳がこんなにだまされやすいということは、何を意味するのでしょうか。

その答えは、「すべては思い込みに過ぎない」ということです。

突然ですが、あなたは**ジャンケン**が強いですか？

「強い」と答えた人も、「弱い」と答えた人もいるでしょう。

では、強いと思っている人と弱いと思っている人がジャンケンして、どちらが勝つかといえば、それはやってみないとわかりません。

強いと思っている人が負けて、弱いと思っている人が勝つことも当然あるはずです。

つまり、ジャンケンが強いも弱いも、単なる思い込みだということ。

要するに、錯覚が自分は何者かを決めているのです。

もし自分が「勉強は苦手だ」と思っていても、それは過去にたった一度、親に「あなたは勉強が苦手だから」と言われて、そう錯覚しているだけかもしれません。

東大に進学する学生の親も東大出身者が多いことは知られていますが、これは頭の良さが遺伝したわけではありません。

一番身近にいて、**家ではカッコ悪い姿も見せているお父さんやお母さんが東大出身だと知って、「この人たちが東大に入れるなら、自分だって入れる」と錯覚しているだけ**です。

それでも脳は「東大に入れる」と確信して、東大に入る方法を教えてくれます。

だから東大に入るために必要な勉強をコツコツと続けられるのです。

このように、私たちは自分自身を錯覚によって作り上げています。

だったら悪い錯覚より、良い錯覚をしたほうが間違いなく幸せになれます。

良い錯覚をする習慣を「良徳錯覚習慣」、悪い錯覚をする習慣を「悪徳錯覚習慣」と呼びます。

ぜひあなたも、この章で紹介したノウハウを使って、どんどん良徳錯覚習慣を作ってください。

ポジティブな言葉を使い、夢を実現した未来の自分をイメージして、脳にプラスの問いかけをしながら、「自分はできる！」と良い錯覚をしましょう。

気づいた時には、錯覚が現実になっているはずです。

そしてイメージした通りの未来を手に入れていることでしょう。

良い錯覚習慣を重ねれば、理想の自分になれる瞬間が必ずやってくるのです。

習慣ポイント
DAY 047

どうせなら「ポジティブな思い込み」をしよう

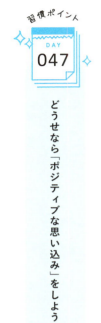

第5章

習慣の力で、「あなたの人生」が動き出す

048

習慣を変えれば、人生のあらゆることが好転する

続けたいものも、やめたいものも

習慣を変えれば、人生のあらゆることが変わります。仕事も勉強も人間関係も健康も、すべてが良い方向へと動き出していくのです。

ここからは、**個別のテーマごとに、習慣化を成功させるポイント**をご紹介しますので、ぜひそのコツを掴んでください。

習慣ポイント

DAY 048

習慣化によって、すべてが良い方向へ動き始める

049

良い習慣を続ける①
早起き
「起きる時間」と「寝る時間」を正確に決める

早起きをするには、まず「何時に起きるのか」を決めましょう。

「そんな当たり前のことを?」と思うかもしれませんが、早起きが続かない人の多くは、「自分が目指す早起きとは、何時に起きることか」をきちんと定義していません。

だから「6時に起きようと思ったけど、今日はまだ眠いから、あと30分だけ寝てもいいかな」とズルズルと起床時間を遅らせて、結局はギリギリの時間までベッドの中にいた、ということになってしまいます。

早起きしたいなら、まずは**「私は毎日6時に起きる」と時間を正確に決めてください。**

起きる時間が決まったら、**「1個前の習慣」**を決めます。

第3章でも説明したように、起きる時間を決めたら、その1個前の行動である「寝る時間」を決めなくてはいけません。

寝る時間を決めたら、さらに「何時までに風呂に入るか」「何時までに夕食を済ませるか」「何時までに帰宅するか」というように、1個ずつ行動をさかのぼって、それぞれの時間を決めることが必要です。

習慣とは、自分との約束を決めて、それを守ることです。

ただし、約束の内容が漠然としていたら、何をどう変えればいいのか自分でもわかりません。

約束の内容はできるだけ具体的に決めることが、習慣を続けるための秘訣です。

習慣ポイント

DAY 049

起きる時間が曖昧だと、早起きは続かない

050

良い習慣を続ける②

日記

1文字でもOK。「交換日記」もアリ

日記を続けたいなら、できるだけハードルを下げてください。

「1行でもOK」とすれば、どんなに眠くても、どんなに書くことが思い浮かばなくても、その約束を守ることができます。

極端なことを言えば、1文字でも構いません。とにかくノートを開いて、何かを書くという作業をしたら、「日記を書いた」ということにしてしまいましょう。

「毎日きちんと文章を書かなければ」と考えると、早々に挫折しがちです。

大事なことは、とにかく続けることだと心得てください。

なかなか続かない人は、「自分のため」ではなく「誰かのため」に日記を書くのも良いでしょう。

ある企業では、社員たちに「ＯＪＴノート」を書くように勧めています。仕事終わりに1日を振り返って気づいたことと、明日への目標を毎日ノートに書くというもので、いわば日記の一種です。

私の研修を受けた社長が、社員たちに良い習慣を身につけてもらおうと始めたものですが、面白いのはその目的です。

社長は社員たちに、仕事の業績を上げるためにノートを書けとは言いません。

「未来の自分の子どもたちのために書いてください」

そう言っています。

若い社員たちも、いずれは結婚して家庭を持ちます。その時、自分の子どもにこのノートを見せて、「お父さんやお母さんは、若い頃はこんなふうに頑張ってきたんだよ」と伝えることが、ノートを書く目的だと社長は言っているのです。

未来の子どものためと言われたら、なかなか手は抜けません。「自分の子どもにまで影響を与えるのだ」と思ったら、毎日真面目にノートを書くでしょう。

日記も同じです。

もし「自分のため」では続かないなら、「いつか家族に見せるため」「大切な人に自分を知ってもらうため」など、「誰かのため」の目的を見つけるのも習慣を続ける方法の一つです。

一人で続かないなら、**「交換日記」**にするのも良いでしょう。

私は北海道のある中学校でバスケ部のメンタルトレーニングを担当していますが、部員たちにノートを渡して、今日あったことを毎日書くように指導しています。

部員たちは、毎朝登校すると職員室へ行き、顧問の先生にノートを提出します。そして先生は1冊ずつ目を通して、コメントを入れてから本人に返します。

いわば、部員と先生との交換日記になっているわけです。

読んでくれる人がいれば、サボることなく毎日日記をつけることができます。

ある生命保険会社の営業所では、やはり私の勧めをきっかけに、セールスレディたちが交換日記をしています。自分たちが毎日考えていることや学んだことをノートに書き、お互いに交換して読み合うのです。

自分が落ち込んでいる時でも、他の人が書いた「明日もまた頑張ろう」という前向きなひと言を読むと、プラスの入力ができます。そして自分のノートにも「私も頑張ります」と前向きな言葉を書くので、プラスの出力ができます。

交換日記をすることで、お互いに「プラスの入力→プラスの出力」のサイクルが繰り返され、脳がプラスに強化されるわけです。

また、他人に読んでもらう日記なので、「営業所の皆さんに支えられていることを実感しました」「自分は一人じゃないと思えて嬉しかった」など、周囲への感謝の言葉も自然と増えていきます。

ですから、悪いことより良いことに目を向ける受信習慣を養うためにも、交換日記は良い習慣なのです。その結果、交換日記をしている営業所はチームワークやモチベーションが高まって、営業成績がどんどん伸びています。

一人ではどうしても続かない習慣は、他人を巻き込んで長続きする仕組みづくりをするのが秘訣です。

習慣ポイント

DAY 050

なかなか続かない人は、「誰かのため」に書いてみるのも手

051

良い習慣を続ける③ ブログ・メルマガ

面白いこと、気の利いたことを書く必要はナシ

仕事や趣味の情報を発信したり、読者と交流を深めるために、ブログやメルマガを始めたいと考える人は多いようです。

ところが実際に始めてみると、長続きせずに終わってしまうケースも少なくありません。

ブログやメルマガは読者がいる媒体なので、日記とは違って、最初から他人を巻き込む仕組みがあります。

それでも続かないのはなぜか。

それは、いいことを書こうとするからです。

「面白いことや気の利いたことを書かなければいけない」と考える人は多いのですが、それではハードルが高すぎます。

この習慣を続けたいなら、まずは**「何でもいいから、とにかく書けばいい」**としてください。

私は12年ほど前から土日も含めて毎日メルマガを書いていますが、「とりあえず1行書けばＯＫ」としています。

実際に1行だけで終わることはありませんが、そう考えることでハードルが低くなり、無理なく続けることができました。

「書くことが思いつかない」という人に私がいつも勧めているのは、自分の人となりを書くことです。

自分は何が好きで、どんな家族と暮らしていて、どのような毎日を送っているのかを、カッコつけずに素直に書いてください。

「昨日は居酒屋に飲みに行きました」「うちの旦那はこんな人です」など、どんなことでも構いません。

自分のことなら、何かしら書くことが見つかります。最近のことで書くことが見つからないなら、過去にさかのぼって子ども時代や学生時代のことを書いてもいいでしょう。

こうして人となりを正直に伝えることで、読者も「この人の話をもっと読んでみたい」と思ってくれます。ありのままの自分に対して読者から反応が返ってくるので、段々と書くのが楽しくなっていきます。

この段階まで来れば、あとは自然と書き続けることができるでしょう。

読み手がいるからといって気負わないことが、長続きさせるためのポイントです。

習慣ポイント
DAY 051

質の良い記事を書こうと気負わず、1行でもいいので書き続けよう

052

良い習慣を続ける④
ダイエット

成功した後のイメージを具体的に描く

ダイエットしたいなら、まずは「なりたい自分」の姿を明確にしてください。

第3章でも話したように、単に「痩せたい」ではなく、「ミニスカートが似合う自分になりたい」「スーツをスマートにきこなして、初対面の人に『仕事ができそう』と思われる自分になりたい」など、具体的に思い描くことが大事です。

さらに、脳にプラスの問いかけをして、ダイエットが成功する方法を教えてもらいましょう。脳はプラスの問いかけをすれば、プラスの回答を考えてくれます。

ですから**「どうしてダイエットが成功してしまったんだろう?」と自分の脳に質問してみてください。**

習慣ポイント
DAY
052

「なりたい自分」の姿を明確にイメージしよう

ポイントは、「ダイエットがすでに成功した」という前提で質問すること。脳は真実と嘘の区別がつかないので、一生懸命その答えを考えてくれます。

すると、例えばこんな回答が出てきます。

「お肉より野菜を食べることが好きになってしまったから」

「今までお菓子を食べていた時間を、運動に変えたから」

これを見ればわかる通り、出てきた回答はそのまま「ダイエットが成功する方法」になります。

それが「これをやれば、堂々とミニスカートが穿《は》ける！」というように、なりたい自分のイメージと結びつけば、そのまま行動に移すことができます。

「なりたい自分のイメージ＋脳への問いかけ」が、ダイエットを続けるための強い味方になってくれるのです。

053

良い習慣を続ける⑤

ランニング

疲れたら途中で歩いてもOK

ランニングも、いきなり高い目標を掲げてはいけません。

「毎朝5km走る」と決めても、最初の1kmでバテてしまったら、「自分にランニングなんて無理だ」とすぐに挫折してしまいます。

よって、これもできるだけハードルを下げるのがコツです。

そもそも、これまでランニングの習慣がなかった人にとっては、**走る以前に「まずは外へ出る」という習慣**をつけなくてはいけません。

第1章でプロボクサーにカムバックした人の事例でご紹介したように、最初のうちは「朝起きたら、トレーニングウェアを着て家の外へ出る」というくらい目標を低くするとよいでしょう。

たとえ１００ｍしか走れなくても、「家の外へ出たから、今日も習慣が続いた」という達成感を得られるので、脳が「ランニング＝快」として記憶します。

だから、翌朝もまた同じ習慣を続けようと思えるのです。

また、「枕元にトレーニングウェアを用意してから寝る」といったように、１個前の習慣も合わせて決めるようにしてください。

毎日外へ出られるようになったら、今度はランニングそのものに目標を設定して構いません。

ただし、**「疲れたら途中で歩いてもＯＫ」**としてください。

ここでも完璧主義は厳禁。途中で歩いたとしても、最初の何分かは走ったのですから、「今日もランニングをした」とカウントして構いません。

また、目標は**「距離」ではなく「時間」で決めたほうが長続きします。**

「毎日５㎞」ではなく、「毎日30分」などと時間で設定しましょう。

時間で設定すれば、もし10分しか走れなくて残り20分は歩いたとしても、「毎日30

分」という目標はクリアできます。

毎日必ず30分で終わるので、日常のスケジュールにも組み込みやすくなります。

一方、距離で設定すると、もし途中で走れなくなった場合でも、「毎日5㎞」の目標をクリアするために残りの距離を歩かなくてはいけません。時には、かなり長い時間かかってしまうこともあるでしょう。

すると、毎日続けるのが嫌になってしまいます。日によってかかる時間がバラバラだと、毎日のスケジュールにも組み込みにくくなるのもデメリットです。

よって、時間で決めたほうが、長続きしやすい仕組みが作れるのです。


それでも、「どうしても30分続かない」ということもあるでしょう。

その場合は、脳に問いかけをしてみましょう。

問いかけの種類は、2パターンあります。

1つは、**「願望」の問いかけ**です。

これは「どうなりたいのか」を引き出す質問です。

例えば、**「ランニングをすることで、どんな良いことがあるんだろう？」**と問いかけます。

すると、「体調が良くなって、仕事がはかどる」といった回答が出ます。

さらに、**「仕事がはかどると、自分にとって何が良いのだろう？」**と問いかけます。

すると、「上司から認められて、より大きな仕事に挑戦できる」といった回答が出ます。

このように、「自分はどうなれたら嬉しいか」という願望が明確になると、脳が「ランニングをすること＝快」と判断して、接近反応を起こします。

だから、ランニングの習慣が長続きしやすくなるのです。

もう1つは、**「恐怖」の問いかけ**です。

これは「どうなるのが嫌か」を引き出す質問です。

例えば、**「ランニングしないと、どうなってしまうんだろう？」**と問いかけます。

すると、「このまま体重が落ちず、太ったままになってしまう」と回答が出ます。

さらに、**「太ったままでいると、どうなってしまうんだろう？」**と問いかけます。

すると、「自己管理ができていないと見なされて、昇進に影響する」といった回答が出ます。

このように、「自分はこうなったら嫌だ」という恐怖が明確になると、脳が「ランニングをしないこと＝不快」と判断して、回避反応を起こします。

よって、やはりランニングの習慣が長続きしやすくなります。

基本的には、プラスの質問である願望の問いかけから始めるとよいでしょう。

ただ、なかには最悪を想定することで、「負けるもんか」という反発心が生まれて頑張れるタイプの人もいます。

ですから、**願望の問いかけがピンとこない人は、恐怖の問いかけを試してみてください。**

いずれにせよ、大事なのは脳に問いかけて、「自分はどうしたいのか」をはっきりさせることです。未来のイメージが明確になれば、「自分はできる」と信じる力が生まれて、やる気が長続きするはずです。

習慣ポイント
DAY 053
目標は、「毎日5km」ではなく、「毎日30分」など、時間で設定しよう

054

良い習慣を続ける⑥

筋トレ

少しずつ回数を増やすのがポイント

筋トレも、基本はランニングと同じです。

いきなり「毎日腹筋を30回」などとハードルを上げてはいけません。

「腹筋は1回でもOK」と決めるのが、長続きするコツです。

それに、最初から腹筋を30回できる人より、少しずつ回数を増やしていける人のほうが、楽しく続けられます。

今日は1回でも、明日は2回、明後日は3回とできる回数が増えていって、1カ月後に30回を達成できれば、その時の喜びは相当なものです。

1回ずつ点数アップしていくようなものなので、**ゲーム感覚**も取り入れて、ワクワクしながら習慣化できるでしょう。

特に筋トレのように身体に直接関わるものは、無理は禁物です。

「昨日は10回だったけど、今日は調子がいいから30回やってみよう」などといきなり体に負荷をかければ、腰や肩などを痛めてしまいます。

すると結局、しばらく筋トレを休まなくてはいけなくなります。いったん中断すると、再びモチベーションを上げるまでに、また時間と労力を使うことになります。

筋トレを長続きさせたいなら、階段を1段ずつ上がるように、少しずつ回数を増やすのがポイントです。

くれぐれも〝階段飛ばし〟はしないように注意してください。

習慣ポイント
DAY
054
階段を1段ずつ上がるように、無理せず少しずつ回数を増やしていこう

055

良い習慣を続ける⑦ 仕事

「1個前の習慣」が、仕事の質とスピードを上げる

仕事ができる人になりたいなら、「1個前の習慣」を常に意識しましょう。

朝から全力で仕事をスタートさせたいなら、**前日の夜に「明日の予定を確認する」という習慣**をつけるのがお勧めです。明日やるべきことを確認すれば、効率的な段取りを考えた上で、仕事をスムーズに進めることができます。

忘れものやTO DOの抜け漏れもなくなり、「明日のアポは朝11時からだと思っていたが、実は10時からだった」といった勘違いや遅刻もなくなります。

それだけではありません。脳のゴールデンタイムである就寝10分前に明日の予定を確認すれば、右脳が未来のイメージをしっかりと思い描きます。

アポの相手の顔までイメージできれば、「そういえば、あのお客様が商品サンプルを多めに欲しがっていたから、明日持っていったらきっと喜ぶだろう」といった場面まで詳細に思い描くことができます。**脳は「自分のために」より「誰かのために」のほうが何倍も頑張るので、一層モチベーション高く働くことができる**でしょう。

これも前日のうちに明日の予定を確認するからこそです。

他にも、「1個前の習慣」としてできることはたくさんあります。

「前日に、会社のデスクの上をきれいに片付けてから帰る」「プレゼンに必要な資料一式をカバンの中に入れておく」「明日履く靴をきれいに磨いてから寝る」など、翌日の仕事がうまくいくためにできることは色々と思いつくでしょう。

仕事の質とスピードを上げるには、自分にできる「1個前の習慣」を考え、実行することを心がけてください。

習慣ポイント

DAY 055

前日の夜に「明日の予定を確認する」習慣をつけよう

056

良い習慣を続ける⑧
部下育成
「正しい」ではなく、「楽しい」をアピールして教える

会社で働いている人の中には、「部下がなかなか成長しない」「部下のモチベーションが低い」といった悩みを抱えている人が多いかもしれません。

そんな時は、つい「部下が悪い」と思いがちですが、「もしかしたら自分の指導の仕方が間違っているのかもしれない」と考えてみることも大事ではないでしょうか。

部下の成長を促し、やる気を出してもらうには、相手の脳に働きかける必要があります。

これまで何度も説明した通り、脳は「それが正しいから」という理由だけでは、物事を続けることができません。

「楽しい」と思えることでなければ、続かないのです。

よって、**部下に指導をする時は、「これをやるのが正しい」と教えるのではなく、「これをやると楽しい」と教えるのが正解**です。

営業職だったら、「目標の売上を達成することが正しいのだから、君も頑張れ」ではなく、「うちの会社の商品がライバル会社の商品を押しのけてスーパーの棚を埋め尽くしたら、すごくワクワクするだろうね」といった言葉で楽しさを伝えてください。

部下がワクワクできれば、あとはいちいちハッパをかけなくても、「スーパーの棚を埋め尽くす」というイメージを実現するために全力で頑張るはずです。

また、**無意識のうちに部下に対して「こんなこともできないのか」「君はダメだな」などのマイナスの出力をしていないか**振り返ってみてください。

その出力は、そのまま部下に入力されます。

そして「自分にはできない」「自分はダメだ」というマイナスの受信をしてしまうのです。

部下を成長させたいなら、上司である自分がプラスの出力を心がけてください。

この場合、プラスの出力とは褒めることです。

ただし、正しく褒めなくてはいけません。

大事なのは、**「相手の基準で褒める」**ということ。

決して、自分の基準で考えないでください。

上司は部下より経験も実績もあるのですから、部下より仕事ができて当然です。

それなのに、上司が自分と同じ基準で部下を評価したら、結局は「こんなこともできないのか」というマイナスの出力しかできません。

だから部下の立場になって、「入社3年目でこれだけできたら、すごいじゃないか」と褒めてあげてください。

たとえ**自分の基準から見れば低いレベルだったとしても、「相手のキャリアだったらどうか」と考えることが大切**です。

また、部下を褒めるには、**相手のことをよく観察する**必要があります。

見当違いの褒め方をしたり、適当な言葉で褒めたりしても、相手は嬉しくも何ともありません。

「よく頑張ったね」という誰にでも通用する褒め言葉よりも、「先週提出してくれたレポート、分析が鋭くて感心したよ」と**具体的に**褒めたほうが、相手は嬉しく感じます。

部下のやる気を引き出すには、相手の脳にとって気持ちいい入力をしてあげるのが一番です。

「どんなところを褒めたら相手の脳が喜ぶか」という観点で、部下の行動をしっかり観察する習慣をつけましょう。

習慣ポイント

DAY 056

部下の脳にとって、気持ちいい入力をしてあげる

057

良い習慣を続ける⑨
営業・セールス

「信頼」と「感謝」が売上アップのカギ

営業職や販売職で高い売上を上げる人は、例外なく「自社商品への信頼」と「会社への恩」を抱いています。

「この商品は良いものだ」と信じれば、「1人でも多くのお客様にお渡ししたほうがいいに決まっている」と思えます。

だから、アポの電話をかけたり、飛び込み営業したりすることにも、まったくためらいがありません。

セールスの仕事は、「たくさんの人に会って、たくさん話すほど売れる」というシンプルな仕事です。

だから、訪問先へ積極的に足を運ぶ営業マンほど、売上は上がるのです。

ところが**売上が上がらない人は、「ノルマがあるから売らなければいけない」と考えます。**

商品への信頼があるわけではなく、会社に言われたから仕方なく売るという思考なので、「こんな商品が本当に売れるのだろうか」と本人も疑っています。

だから一度でも営業を断られると、「次もどうせ断られる」というマイナス思考に陥ります。そして実際に断られると、「もうダメだ」と心が折れてしまうのです。

会社への恩を感じているかどうかも、営業成績に大きく影響します。

「開発や製造の人たちが苦労して作った商品を売る役目を任されたのだから、断られるのが怖いなんて言っていられない」

こんな思考習慣がある人は、売上がどんどん伸びます。

一方、「営業の自分ばかりが苦労している」と考える人は、「こんな商品を押し付けられても、売れるはずがない」という思考習慣が染み付いてしまいます。

「自分が扱っている商品は世の中のためになる」と信頼することと、同じ会社で働いている人たちに感謝することができれば、経験や能力に関わらず、誰もが営業成績を上げることができるのです。

なかには「うちの会社の商品は本当に品質がイマイチだし、お客様の評判もよくないのだから仕方ない」と考えている人もいるかもしれません。

でも、そう考えているうちは何も変わりません。

売上を伸ばすために必要なのは、お客様の評価や反応を会社にフィードバックして、「市場でこのような意見があるので、改良を検討してもらいたい」と開発や製造に提案することです。

ただし、そのためには、自分自身が社内で認められる人間でなくてはいけません。

実績もないのに「こんな商品を作るから売れないんだ」と文句を言っても、「君の努力が足りないだけだろう」と反論されるだけです。

よって、「商品をもっと良くしたい」「会社に自分の意見を言いたい」という人ほど、まずは目の前の仕事を頑張る必要があります。

「自分はこれをやりたい」という強い思いを持ち、それを言葉や行動で示していれば、同じ思いを持つ人が自然と周囲に集まって、たくさんの人に応援してもらえます。

自分が「商品をもっと良くしたい」と出力すれば、それが周囲の人たちの脳に入力されて、「商品をもっと良くするためには、どうすればいいだろう」と皆が考えるようになるのです。

変えたいことがあるなら、愚痴や不満を口に出すのではなく、思いを言葉や行動でアウトプットすること。

それが結果的に、周囲の協力やサポートを引き寄せてくれます。

習慣ポイント

DAY 057

「たくさんのお客様に会って、たくさん話せる」ように、商品と仲間を好きになろう

058

良い習慣を続ける⑩
受験勉強
入学後のワクワクイメージでコツコツ勉強できる

受験に臨む時、たいていの人は「どの学校に合格するか」を目標にします。

しかし、それだけでは長く苦しい受験勉強に耐えることができません。

必要なのは、**「この学校に入学したらどうなるか」をワクワクするイメージで思い描くこと**です。「やりたかった分野の勉強に取り組んでいる自分」「友達がたくさんできている自分」「部活動で活躍している自分」など、本人が楽しくなるような自分の姿を具体的に思い描きましょう。願望が大きいほど辛抱できる量も大きくなります。

「この学校に入って、こんなことがしたい！」という思いが強いほど、長い間コツコツと勉強を続けられるのです。

習慣ポイント

DAY 058

勉強以外で、誰でもできるような小さな習慣を始めてみよう

今まで勉強どころか、何かを続けるという経験をしたことがない場合は、受験勉強の他に何か小さい習慣を始めることを勧めます。

私は小学生を対象とする脳力開発トレーニングも行っていますが、子どもたちといつもある約束をします。

それは、**自分が使ったお箸とお茶碗は自分で洗うこと。**付き添っている保護者の方たちは、「勉強ができるようになってほしいのに」と思うかもしれませんが、勉強と関係ないところで「自分で決めた約束を守る」という経験をすることが大事なのです。

小さなことを習慣化できる人は、その対象が受験勉強になっても続けることができます。「続けるスキル」は、どんなことにも応用できるのです。

これまで勉強が苦手で続かなかった人は、勉強以外に誰でもできるような小さな習慣を始めてみてください。それが受験勉強の習慣化に必ず役立ちます。

059

良い習慣を続ける⑪
英語学習
点数だけでなく、楽しいことをイメージする

英語の勉強を続けたいと思っている人は、「何のために英語を学ぶのか？」が、比較的はっきりしているはずです。

「仕事で英語が必要になったから」「外資系企業に転職したいから」「海外旅行で現地の人とコミュニケーションをとりたいから」など、それぞれに英語を身につけたい理由があるでしょう。

ただし、残念ながら、それだけではなかなか長続きしない人が多いようです。

この場合、不足しているのは、ワクワクする感情です。

「何のために」という目的だけでなく、そこから**「英語を身につけたらどんな楽し**

いことがあるか」をイメージして、願望を大きく膨らませてください。

「仕事で英語が必要になった」という人の中には、「会社の昇進のためにはＴＯＥＩＣのスコアを取得しなければいけないから」といった理由で、仕方なく勉強を始めた人もいるかもしれません。

そんな人は、ただ点数だけを目標にするのではなく、**「昇進したらどんな楽しいことがあるか」**をイメージしましょう。

「昇進したら、同期の中で最初に出世できる」「昇進したら、ずっとやりたかった企画を実現する」など、ワクワクする夢が思い描けたら大成功。

願望が大きくなれば、辛抱の量も増えるので、その夢に向かってコツコツ努力できます。

習慣ポイント

DAY 059

「英語を身につけたらどんな楽しいことがあるか」をイメージしてみよう

060

良い習慣を続ける⑫

読書

まずは「本を開く」だけ

読書を習慣にしたいなら、いい方法があります。

それは、**「毎日本を開く」**を自分との約束にすること。

「毎日30分本を読む」「10ページ本を読む」といった約束をする必要はありません。

読書を習慣にしたいということは、これまで本を開く習慣さえなかったはずですから、まずはハードルを限りなく低くすることが大切です。

本を開くだけなら、読書が苦手な人でもできるでしょう。

読みたくないなら、本を開いてそのまま閉じても構いません。本を開くことが約束ですから、**1ページも読めなくても良しとしてください。**

本を開くことに慣れてきたら、次は「最初の1行だけ読む」と決めてみましょう。本当に1行で終わりにしてもいいし、2行目や3行目が気になったら読み進めても構いません。

とはいえ、実際に1行目を読んでみると、次が気になるもの。だから2行目、3行目と読む行数を増やして行くことは、それほど難しくありません。

多くの人がやっていないのは、最初の一歩となる「本を開く」という行動なのです。

いきなり難解な本を読もうとすると挫折しますから、最初は自分が興味を持てそうな本や読みやすそうな本を選べばいいでしょう。

どうしても読書が苦手なら、**マンガや絵本から入っても構いません。**

読書が苦手という人は、手に取った本がつまらなかったり、内容が理解できなかったりした過去の記憶があります。

だから、脳が「読書＝不快」と判断して、本を読むのが嫌いになったのです。

よって、まずは**「読書＝快」に結びつけることが先決。**本を開くのが楽しいと思えるなら、本の種類はマンガでも問題ありません。

「本を開くのは楽しい」というデータを脳が記憶すれば、あとは読む本が小説やビジネス書、教養本などに変わっても、楽しく本を開くことができます。

読書を習慣化するなら、**時間と場所を決める**となお良いでしょう。

「毎朝、**通勤電車の中**で本を開く」「**昼休みに会社のデスク**で本を開く」「**自宅**に帰ったら、ソファに座って本を開く」など、毎日の生活のどこかに組み込むと習慣化しやすくなります。

その場合は、「1個前の習慣」も意識してください。

もし通勤電車の中や会社で本を開くなら、「**本をカバンに入れる**」も習慣にしなくてはいけません。自宅に帰って本を開くなら、「**リビングのテーブルに本を置いておく**」など、目につくところに本をセットしておくことが必要です。

それができれば、本を手に取って開く習慣が自然と身につくはずです。

習慣ポイント

DAY 060

マンガでも絵本でもいいので、なるべく楽しく本に接しよう

061

良い習慣を続ける⑬

貯金

貯金に名前をつけ、「何のために？」をハッキリさせる

無駄遣いしているつもりはないのに、気づいたらお金が減っていて、貯金できない。

そんな人は、「何のためにお金を貯めるのか」の意味づけが必要です。

そこで私が勧めているのは、**貯金に名前をつける**こと。

具体的には**「普通の貯金」「目的貯金」「賢者の貯金」の3つの口座**を作ります。

「普通の貯金」は、毎月の給与が振り込まれる口座です。

「目的貯金」は、特定の目的のためにお金を貯める口座です。「家族旅行のため」「車を買うため」「住宅ローンの頭金にするため」など、具体的な目標を立てて計画的に貯金します。

「賢者の貯金」は、一生おろさないつもりで貯めるお金です。「毎月給与の1割を入れる」などと金額を決めて、コツコツ貯めていきます。

私は自分の子どもたちに、小さい頃から3つの口座の通帳を持たせています。

お小遣いやお年玉をもらったら、文房具やジュースなどを買うために普段使うお金を「普通の貯金」に入れます。

「自転車が欲しい」「おもちゃが欲しい」など特別な目的がある場合は、「目的貯金」の口座で貯めます。

といっても、お金を貯めているうちに、それが欲しくなくなることもよくあります。

「ゲームが欲しい!」と言っていたのに、お金を貯めるために半年すぎた頃には、「あのゲームはもう古いからいらない」と言い出すこともよくあります。

つまり目的貯金は、衝動買いを防ぐ役目も果たしてくれるわけです。

本当に必要なものなら、半年後でも1年後でも欲しいはず。目的貯金は、自分自身に「これは本当に必要なのか」を考える時間を与えてくれるのです。

そしてお小遣いやお年玉の1割は、必ず「賢者の貯金」に入れます。娘も息子ももう大きくなりましたが、最初に約束した通り、この貯金には一切手をつけていません。

「一生おろさないお金を貯めてどうするのか」と思うかもしれませんが、最後はそのお金を寄付するようにと子どもたちに言ってあります。

「自分のため」ではなく「誰かのため」なら頑張れるし、自分が貯めたお金で誰かが喜んでくれる様子をイメージできれば、自分の中にも喜びや楽しみが生まれます。

「自分で使わないお金なのにもったいない」ではなく、「誰かが使ってくれたら嬉しい」と思うことで、自分の人生に幸福感をもたらしてくれるのです。

このように、**貯金に名前をつけて意味づけをはっきりさせることが、着実に貯金するコツ**です。

「お金が余ったら貯金しよう」といった漠然とした考えでは、お金は貯まりません。

「何のために」を明確にして、それを強く意識づけすれば、お金は着実に貯まっていきます。

習慣ポイント

DAY 061

「普通の貯金」「目的貯金」「賢者の貯金」の3つの口座を作ろう

062

良い習慣を続ける⑭
人間関係

「変えられないもの」ではなく、「変えられるところ」から変えていく

「自分さえよければ」という思考習慣は、人間関係を悪くする最大の原因です。

円満な人間関係を築くには、「相手のため」を考える習慣が必要です。

「どうしたら喜んでくれるか」「どうしたら役に立てるか」を考えていれば、自然と相手が喜ぶような言葉や表情が出力されます。

その代表格が、**「ありがとう」**の言葉です。

感謝されて嬉しくない人はいません。

「ありがとう」は、どんな人も喜ばせることができるマジックワードなのです。

笑顔で挨拶したり、相手の良いところを褒めたりするのも、人間関係を良くする習

慣になります。

「そんなことを言われても、自分の上司は嫌なヤツだから、絶対にありがとうなんて言いたくない！」

こんなふうに思う人もいるでしょう。

でも、相手を変えることはできません。**人間関係を変えたいなら、自分自身の言葉や動作を変えるしかない**のです。

私のメンタルトレーニングを受けたある女性も、上司との関係に悩んでいました。上司の振る舞いは威圧的で、部下の気持ちなどまったく考えてくれない人だということでした。でも、上司を変えることはできませんから、自分を変えるしかありません。

そこで彼女は、**「もしこの上司が自分の好きな人だったら、私はどう振る舞うだろう？」**と考えました。

そして、好きな人に対する振る舞いと同じように、自分の言葉や行動を変えていきました。

朝会ったら、笑顔で挨拶する。

自分から積極的に話しかける。

上司の良いところを頑張って探して、褒めてみる。

こうして女性が自分の言動を変えたところ、上司の態度も次第に変化しました。

女性に対して挨拶や褒め言葉を返してくれるようになり、ぎくしゃくしていた二人の雰囲気もいつの間にか和やかになっていったのです。それとともに、チームの仕事もスムーズに進むようになりました。

それだけではありません。

なんと今では、女性は上司とすっかり仲良くなり、会社の外でもしょっちゅうお酒をともにする飲み友達になってしまいました。

あれほど上司との人間関係に悩んでいたのが、嘘のようです。

人を嫌いになっても、何もいいことはありません。

相手の悪口を言ったり、頭の中で考えたりしただけで、脳の中ではどんどんマイナスの出力と入力が繰り返されてしまいます。

そうなれば、気づかないうちに自分の言動にも現れます。

自分では隠しているつもりでも、相手は「自分を嫌っているな」と感じ取ります。

すると、ますます相手は自分に対して厳しい態度をとるので、お互いにもっと相手を嫌いになってしまいます。

そんなふうに嫌い合っても、誰も得をしません。

職場の上司と部下なら、チームワークが乱れて仕事に支障をきたすだけです。

ただし、**無理に相手を好きになる必要もありません。**

嫌いというマイナス思考は止められないので、言葉や表情、動作などの出力を変えればいいのです。

変えられないものを変えるのではなく、変えられるところから変えていく。

これが人間関係を良好にする習慣の作り方です。

習慣ポイント

DAY 062

相手を喜ばせるために、「ありがとう」を口グセにしよう

063

良い習慣を続ける⑮
家族

「当たり前」を「ありがとう」に変える

前項でも話した通り、「ありがとう」は人間関係を良くするキーフレーズです。

もちろん、家族との関係も変えてくれます。

家族との関係は、つい何事も「当たり前」になりがちです。

妻が家事や育児をするのは当たり前。

夫が給料を稼いで来るのは当たり前。

父や母が自分を育ててくれたのは当たり前。

そんな思考習慣が身についてしまうと、相手への感謝の気持ちも薄れます。それがお互いに伝われば、家族の間に距離ができてしまいます。

もし我が家にそんな空気が漂っているなら、今日から家族への「ありがとう」を習慣にしてください。

ある男性は、私のアドバイスを受けて、「妻に毎朝100日間、ありがとうを言う」と決めました。

ところが、突然の夫の行動に驚いた妻から、「何に対してのありがとうなのか、ちゃんと説明して」とリクエストが出されました。

そこで男性は、「布団を干してくれてありがとう」「お風呂掃除をしてくれてありがとう」と、毎日違う「ありがとう」を伝え続けました。

最初のうちは「良い習慣を身につけるために」という目的でやっていたのが、80日目を過ぎた頃には、**「妻は自分のために、こんなにたくさんのことをしてくれているのだ」という純粋な感謝の気持ちが湧いてきました。**

そして95日目には、妻のほうから「本当に私に感

謝してくれてるのね、ありがとう」という思いがけない感謝の言葉が返ってきました。

そして１００日目に到達した時、妻は男性が今まで言った言葉をすべて書き留めたメモを冊子にしてプレゼントしてくれたそうです。

感謝を伝え続けたら、いつか相手からも感謝の気持ちが返ってきて、お互いを大切にする心が生まれる。

これが「ありがとう」の持つ力です。

ぜひあなたも、**家族に対する「当たり前」を「ありがとう」に変えてみてください。**

習慣ポイント

DAY
063

家族に毎日「ありがとう」を言おう

064

良い習慣を続ける⑯

心の健康

「いいところ探し」をして、プラスの面を見つける

最近は、メンタルヘルスに問題を抱える人が増えています。

仕事や人間関係でストレスが積もり積もって、とうとう心が折れてしまう。

そんなケースが後を絶ちません。

心の健康を保つためには、第４章で紹介した「通勤途中の喜び」「職場の楽しさ」「家庭の幸せ」をノートに書き出す習慣がとても効果的です。

これはいわば**「いいところ探し」の習慣**なので、どんなことにもプラスの面を見つけることができます。

物事の悪い面ばかり見ていると、ストレスは溜まる一方です。

だから、意識的に物事の良い面に目を向ける習慣をつけることが大切です。

満員電車に乗っている時、今までなら「こんなに混んでいるなんて最悪」とイライラしていたのが、通勤途中の喜びを見つけようと意識すると、「こんなに混んでいるのに、トラブルもなく無事に駅に到着できてよかった」と思えます。

私の研修を受けにきたある女性も、心が折れる寸前まで追い込まれていました。

会社では周囲の男性たちに負けないようにと仕事に打ち込み、順調に出世をしてきたのに、突然左遷されて子会社に出向になってしまったのです。

最初のうち、彼女の口から出るのは「会社は何もわかっていない」「子会社なんて私のいるべき場所じゃない」といった不平不満ばかりでした。

しかし、私が**3つの喜び・楽しさ・幸せを毎日書くように勧めると、女性の様子は明らかに変わっていきました。**

出向先の職場でも新しい出会いや面白い仕事はあること、自分が家族に支えられていることなどに気づいたからです。

あんなに思いつめた顔をしていたのが嘘のように表情も明るくなり、口から出る言葉も肯定的なものに変化しました。

出向先でも仲のいい仕事仲間ができて、仕事への前向きさも取り戻し、今では自分で企画した新事業を立ち上げるために精力的に動き回っています。

健康な心で毎日を前向きに過ごしたいなら、ぜひ「いいところ探し」を習慣にしましょう。

習慣ポイント

DAY 064

意識的に「喜び・楽しさ・幸せ」に目を向けよう

065

良い習慣を続ける⑰
掃除
家に着いたら、すぐ始める

部屋の掃除ができず、家の中は散らかり放題……。

そんな人は、脳が過去の記憶から「掃除＝面倒で不快なもの」と判断して、回避反応を起こしています。

よって掃除を習慣にしたいなら、脳が0・5秒で「掃除は嫌い」というマイナス思考を完成させる前に行動することが重要です。

家に帰って、「今日は掃除をしようかな」などと迷っている暇はありません。

玄関を開けて自宅に入ったら、すぐ掃除を始めてください。

目の前のゴミを拾う、掃除機を取り出すなど、どんな作業でもいいので即座に行動に移しましょう。

もう1つ大事なのが、「家じゅうをピカピカにしよう」とは考えないこと。

そんな高いハードルを掲げたら、またすぐに掃除が嫌になります。

「ゴミを3つだけ拾う」「掃除機を5分だけかける」など、簡単にできることをやればOKとしてください。

また、脳をワクワクさせる方法もあります。

窓拭きが面倒だったら、窓に1枚ずつ名前をつけてあげましょう。

「ハナコちゃん、今日もきれいだね」などと話しかけながら窓拭きすると、つまらない作業も楽しくなります。

バカバカしいと思うかもしれませんが、脳をちょっと楽しませてあげれば、何もしない時より習慣は格段に続きやすくなります。

習慣ポイント

DAY 065

まずは「ゴミを3つだけ」拾おう

066

良い習慣を続ける⑱
子育て
「どうしたらうまくいくと思う?」とプラスの問いかけをする

子どもの脳は、両親の出力によって作られます。

お父さんやお母さんの言葉や表情、動作が、子どもの脳に入力されて、思考習慣を作り上げるのです。

「どうしてできないの」「本当にダメね」などがログセの両親に育てられた子は、「自分は何もできない」「自分はダメな子」だという思考が刷り込まれます。

とはいえ、子育てをしていれば、「そんなことをしちゃダメ」と言いたくなることもしょっちゅうです。

そんな時は、言葉を変えてみましょう。

「それはダメ」というマイナスの言葉ではなく、**「どうしたらうまくいくと思う?」とプラスの言葉**で問いかけてください。

そうすれば、子どもの脳はプラスの回答をしようとして、うまくいく方法を一生懸命考えます。

「勉強しなさい」というせりふもつい口にしたくなりますが、勉強が嫌いな子に無理やりやらせようとしてもうまくいきません。

勉強が嫌いなのは、子どもの脳に「勉強=不快」という過去のデータがすでにあるからです。

だから「勉強」と聞いた瞬間、「やりたくない!」と反応します。

よって、これも勉強という言葉を使わず、別の言葉に変えましょう。

「向上」や「成長」などのプラスの言葉に置き換えるのがお勧めです。

「勉強しなさい」ではなく、「今日も向上した?」「今日も成長しようよ」と言えば、子どもは「回避反応」を起こしません。

また、親が行動で示すのも効果的です。

子どもに「勉強しなさい」と言いながら、親がテレビを見て笑っていたら、子どもは「自分もテレビが見たい」と思って当然です。

でも、**「お母さんも読書するから、お互いに成長しよう！」**と言って親が本を読み始めれば、子どもも「教科書を開いてみようかな」と思います。

「親の出力が、子どもの入力になる」ということを、しっかり覚えておきましょう。

習慣ポイント

DAY 066

「勉強しなさい」ではなく、「今日も成長しようよ」と言ってみる

067

悪い習慣をやめる①

タバコ・お酒

「あ～、まずい」とマイナスの出力をする

「やめたいのに、やめられない」というのは、脳が不必要なことに接近反応を起こしている状態です。タバコをやめたいのにやめられないのは、脳が「タバコ＝快」と判断しているため、目に入るとつい手が伸びてしまうからです。

よって、まずはタバコが目に入っても、すぐに吸わないことです。**いったん時間を置くことで、「吸いたい」という思考が行動に移されるのを止められます。**

それでも吸ってしまったら、言葉や動作でマイナスの出力をしましょう。

「あ～、まずい」と声に出してみたり、わざと咳き込んでみたりすると、脳は「タバコっておいしくないんだ」「体に悪いんだな」と思い込んでくれます。

◎タイトル：

◎書店名(ネット書店名)：

◎本書へのご意見・ご感想をお聞かせください。

ご協力ありがとうございました。

郵 便 は が き

（切手をお貼り下さい）

170-0013

（受取人）

東京都豊島区東池袋3-9-7
東池袋織本ビル4F
㈱すばる舎 行

この度は、本書をお買い上げいただきまして誠にありがとうございました。お手数ですが、今後の出版の参考のために各項目にご記入のうえ、弊社までご返送ください。

お名前	男・女	才
ご住所		
ご職業	E-mail	
今後、新刊に関する情報、新企画へのアンケート、セミナー等のご案内を郵送またはＥメールでお送りさせていただいてもよろしいでしょうか？ □**はい** □**いいえ**		

ご返送いただいた方の中から抽選で毎月３名様に
3,000円分の図書カードをプレゼントさせていただきます。

当選の発表はプレゼントの発送をもって代えさせていただきます。
※ご記入いただいた個人情報はプレゼントの発送以外に利用することはありません。
※本書へのご意見・ご感想に関しては、匿名にて広告等の文面に掲載させていただくことがございます。

習慣ポイント
DAY 067

「タバコ・お酒＝不快」のデータを作る

こうして**「タバコ＝不快」のデータが作られれば、脳はタバコに対して回避反応を起こすようになります。**その結果、タバコをやめられるのです。

お酒をやめたい時も同じです。脳が「お酒はまずい」「お酒は体に悪い」と信じるような出力をすれば、脳がお酒に対して「回避反応」を起こします。

やめるというのは、「今日タバコを吸わなければいい」というものではありません。今日は我慢できても、明日吸ってしまったら、やめたことにはなりません。それどころか、100日間我慢しても、101日目に吸ってしまったら、やはりやめたことにはならないのです。

やめるとは、「今日もタバコを吸わなかった」「今日もお酒を飲まなかった」という状態をずっと続けることです。「今日もやらなかった」という習慣を作り、それをコツコツと続けることが大事なのだと肝に命じましょう。

068

悪い習慣をやめる②
ギャンブル
「恐怖」の質問が効果的

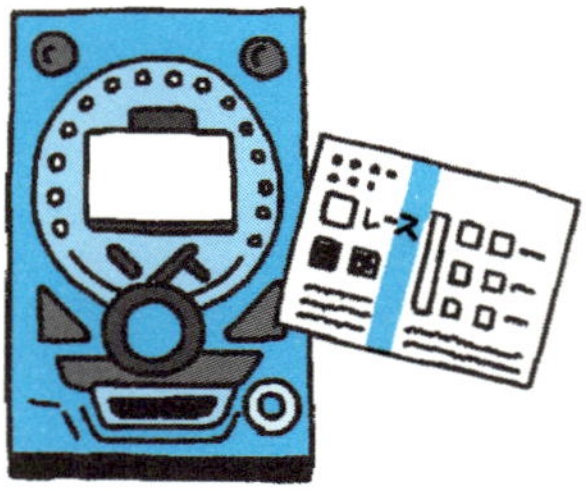

パチンコや競馬などのギャンブルがやめられない人もいます。

お恥ずかしながら、私も昔はギャンブルにハマっていました。

ギャンブルが習慣になると、お金だけでなく、社会的な信用や家族との関係まで失うことになりかねません。

ギャンブルをやめたいなら、「恐怖」の質問が効きます。

「パチンコを続けると、どうなってしまうのだろう？」と質問してみるのです。

すると「家族との時間がまったく取れない」といった答えが出ます。

さらに、**「家族との時間が取れないと、どうなってしまうのだろう？」**と質問する

習慣ポイント
DAY 068

「恐怖の質問」と「願望の質問」を駆使して、ギャンブルを遠ざけよう

と「家族の悩みを聞くこともできず、最悪の場合、家族がバラバラになってしまうかもしれない」といった答えが出ます。

こんな答えを突きつけられたら、ギャンブルをやめたいと強く思うはずです。

もちろん、**「願望」の質問**も効果があります。

「パチンコをやめると、どんないいことがあるのだろう？」と質問すれば、「家族との時間をより多く作れる」といった答えが出ます。

さらに**「家族との時間ができると、何が良いのだろう？」**と質問すると、「家族を幸せにできて、自分の仕事にも好影響がある」といった答えが出るでしょう。

そうなれば、やはりギャンブルをやめたいという思いが生まれるはずです。

ギャンブルから遠ざかるには、自分に質問して大事なものへの思いを引き出すことが大切です。

069

悪い習慣をやめる③

暴飲暴食

「脂肪の塊」で脳にブレーキをかける

健康やダイエットのために、食べ過ぎは控えたいのに、つい暴飲暴食をしてしまう。そんな人は、目の前の食べ物に、脳が接近したくなくなる名前をつけましょう。ケーキや肉類なら、それを「脂肪の塊」と名付けます。

そして、**「今から脂肪の塊を食べます！」**と言ってみてください。

「脂肪の塊」という言葉が好きな人はいないので、脳が「回避反応」を起こして、暴飲暴食にブレーキをかけてくれます。

また、**表情**からストップをかけることもできます。

もし甘いものを控えたいと思っているなら、甘いものを食べる時に笑顔を作らないようにしてみましょう。

口角を上げて笑顔を作ると、脳は「いいことがあった」と判断します。

でも口角を上げず笑顔を作らなければ、脳は「いいことがなかった」と判断します。

つまり**笑顔を作らなければ、「甘いものを食べても、いいことがない」と脳が思い込んでくれる**のです。

だから次に甘いものを目の前にしても、食欲にまかせて食べ過ぎてしまうことはありません。

言葉を変え、表情を作って脳をだませば、食欲を上手にコントロールできます。

習慣ポイント

DAY 069

「言葉」や「表情」で、食欲にストップをかけよう

070

悪い習慣をやめる④
ゲーム

「幼稚な遊び」と言い換えてみる

ゲームをやめたいなら、言葉を変えてみるのが効果的です。

例えば「ゲーム」ではなく、**「幼稚な遊び」**と言い換えてみたらどうでしょうか。

「ゲームをやりたい」とは思えても、「幼稚な遊びをしたい」と思える人はいないでしょう。

このように、脳が「回避反応」を起こす言葉に置き換えると、次第にゲームから距離を置くようになります。

または、**他の習慣を始める**という方法もあります。

ついゲームをしてしまうのは、通勤・通学の電車内だという人は多いと思います。

だったら、「電車内では本を開く」「電車内では英語教材を聞く」といった習慣を始めれば、ゲームをする暇はなくなります。

あるいは「高齢者が来たら席を譲る」という習慣を始めれば、常に周囲の様子に気を配らなくてはいけないので、やはりゲームをする暇はなくなります。

何もすることがないと、ついゲームをしてしまう人は、**「ゲームの代わりに、これをやる」と決める**ことが大事です。

習慣ポイント

DAY 070

ゲームしてしまう場所や時間を他の習慣で埋めて、ゲームする暇をなくそう

071

良い習慣を身につけ、最高の人生を送ろう

習慣の力で、運命すら変わる

この章では、様々な場面で習慣形成するコツを紹介しました。

こうしてみると、人生のどんな場面でも、習慣が強い味方になってくれることがわかっていただけるのではないでしょうか。

私たちは、良い習慣を続けることも、悪い習慣をやめることもできます。

すべては自分がどう思考し、行動するかにかかっているのです。

これまでは思い通りにいかないことがあると、「自分のせいじゃない」「運が悪かったのだ」と思いたくなったかもしれません。

でも、その結果を引き寄せたのは、他でもない自分自身の習慣なのです。

脳にどんな情報がインプットされても、言葉や動作などのアウトプットをプラスに変えることはできます。

プラスの出力をする人は、周囲の人たちにプラスの入力をすることになるので、その人がいる場所はいつも明るく前向きな空気になります。

だから、物事がうまくいくのです。**「運がいい」と思われている人たちは、実は習慣によって運がいい自分を作り上げている**のです。

最後にもう1度、本書の冒頭でお伝えしたことを繰り返します。

「人に能力の差はなし。あるのは、習慣の差」だけである。

あなたの生き様は、習慣が決めています。

だからこそ、良い習慣を身につけて、充実した最高の人生を送ってください。

習慣ポイント

DAY 071

習慣を味方につけて、理想の自分になろう

おわりに

ここまで読んでくださり、ありがとうございました。

習慣について知った感想は、いかがでしょうか。

おそらく多くの人は、習慣がこれほど重要なものとは知らずに過ごしていたのではないかと思います。

でも、それはとてももったいないことです。

あなたが今の人生にもの足りなさを感じていたり、うまくいかないことがあるなら、習慣の力でそれを変えることができます。

何しろ、「習慣が10割」なのですから、現在地点がどこであれ、いくらでも高いゴールを目指すことができるのです。

私自身、若い頃は思い通りにならないことばかりでした。

本文でもお話しした通り、事業に失敗したり、ギャンブルにはまったりと、今振り返ると散々な人生を送っていました。

あのまま自分を変えようとしなかったら、今頃どうなっていたことかと恐ろしくなります。

しかし幸いにも私は、「習慣形成」に出会うことができました。

そして、少しずつ小さな習慣を実践していきました。

いつでも明るく、大きな声で挨拶する。

誰かに呼ばれたら元気に返事をする。

「ありがとう」をたくさん言う。

こうした**習慣の1つ1つが、私の人生を変えてくれました。**

そして私も、習慣の大切さを多くの人に伝えたいと思うようになりました。

私が今、こうして習慣形成コンサルタントとして活動できていることそのものが、習慣の力によるものなのです。

もちろん、あなたも変われます。

私も、そして私の研修を受けた受講生たちも、最初はみんな悩んでいました。

この本を手にとった時のあなたと同じように、将来の夢も自分への自信も持てずにいたのです。

それでも、本書でご紹介したように、多くの受講生たちが習慣形成のスキルを身につけ、自分の人生を変えていきました。

だから、あなたも自分を信じて、最初の一歩を踏み出してください。


1つ、質問をさせてください。

あなたにとって良い人生とは、どんな人生ですか？

100人いれば、100通りの答えが返って来るでしょう。

もちろん、それで構いません。

何が良い人生かなんて、正解は存在しないからです。

大事なことは、あなたが自分にとっての良い人生をイメージすること。

そして、そのイメージは必ず思い描いた通りになると信じて、そのために必要な習慣をコツコツと続けることです。

最近は、「人生100年時代」という言葉が世間を賑わせています。

私たちの人生は、これまでよりもずっと長くなっているのです。

しかも今後は、人間の仕事の多くをＡＩが取って代わります。

では、ＡＩに代替されず、生きがいを持って長い人生を自分らしく過ごすには、どんな能力やスキルが必要なのか。

それは人間力であり、習慣形成のスキルに他なりません。

あなたもぜひ、このスキルを身につけてください。

そうすれば、思い描いた通りの人生が必ず実現します。

あなたがその日を迎えることを、私も心から楽しみにしています。

最後になりましたが、本書は私が長年皆さまと共に突き詰めてきました「習慣」という〝本性〟について書かせていただきました。

今回の執筆にあたりましては、私自身が学ばせていただきました、株式会社サンリの西田文郎会長からの経営者としての思考習慣の学び、その後株式会社サンリの代表取締役西田一見社長からＳＢＴスーパーブレイントレーニングで人間の保有能力を向上させ、発揮能力を変えていく行動習慣の学びを大いに盛り込ませていただきました。

出版に至る経緯としては、平素より懇意にさせていただいている、株式会社Clover出版ファウンダー会長の小川泰史さまから、株式会社すばる舎編集長の上江洲安成さまをご紹介いただき、ライターの塚田有香さまと共に、私の想いを何度も何度も面談し引き出していただきました。

またそれ以外にもたくさんの応援、ご支援をいただきました結果、本書を執筆することができました。

お力添えいただきました皆さま、ありがとうございます。

この本を手に取っていただき、最後まで読んでいただいた皆さま、ありがとうございます。

皆さまの人生の自己実現に、微力でもお役に立ちますことを祈っております。

吉井 雅之

感謝の気持ちを込めた

無料プレゼントのご案内

本書をご購入いただきました読者の皆様へ、
著者である吉井雅之より、感謝の気持ちを込めて
無料プレゼントを用意いたしました。
ぜひご活用ください。

特典1『習慣が10割』特別音声セミナー

本書のポイントと、本には書ききれなかった内容を、音声でお伝えいたします。

特典2 毎日の振り返りに最適な習慣形成ノート『wonderful note VOL1』 ＊ご希望の方のみ

本書の内容を実践される際に、ご活用いただければ幸いです。

詳細は下記URLよりアクセスください。

http://bit.ly/2yMMfgd

※特典の配布は予告なく終了することがございます。予めご了承ください。
※音声はインターネット上のみでの配信となります。予めご了承ください。
※このプレゼント企画は、吉井雅之が代表を務めます有限会社シンプルタスクが実施するものです。プレゼントに関するお問合せは「st-info@simpletask.co.jp」までお願いいたします。

【著者紹介】
吉井 雅之（よしい・まさし）

No.1 習慣形成コンサルタント。1958 年神戸市生まれ。マイナス思考で生きてきた自分に嫌気がさし、100% 諦めムードだったある日、「習慣がすべてを決めている」という言葉に出会い、もう一度だけやり直してみようと、ガソリンスタンドでアルバイトを始める。32 歳にして自身の成長のため、数多くの能力開発セミナーに参加。その後、石油関連企業を中心に人材教育業務に従事。
2005 年「人生の成果を一人ひとりが創り出せるお手伝いを志事とする」コンサルティング会社、有限会社シンプルタスクを設立。以後、日本の大人を元気にする塾「喜働力塾」を札幌、東京、名古屋、大阪で開催。各種人材育成トレーニングや講演、セミナーで全国各地をまわり、15 年で 50000 人の実践トレーニングを行う。多業種にわたりコンサルティングを請け負う一方、子どもの夢を叶えるために「親子で夢を叶える習慣術セミナー」なども意欲的に取り組む。企業 50 社以上の増収増益を実現し、脳科学に基づいたビジネスマンの能力開発だけではなく、スポーツチーム指導や受験生の能力アップなども行っている。
著書は、『成功する社長が身につけている 52 の習慣』（同文舘出版）など。

有限会社シンプルタスク
http://simpletask.co.jp/

編集協力：塚田有香
装　　丁：小口翔平（tobufune）
本文デザイン・イラスト：藤塚尚子（e to kumi）

習慣が 10 割

2018 年 11 月 27 日　　第 1 刷発行

著　者――吉井雅之
発行者――徳留慶太郎
発行所――株式会社すばる舎
〒 170-0013　東京都豊島区東池袋 3-9-7 東池袋織本ビル
TEL　03-3981-8651（代表）　03-3981-0767（営業部）
振替　00140-7-116563
http://www.subarusya.jp/
印　刷――中央精版印刷株式会社

落丁・乱丁本はお取り替えいたします
©Masashi Yoshii 2018 Printed in Japan
ISBN978-4-7991-0759-1